danke

Karl Gamper
mit Signs von Jwala Gamper:
So schön kann Wirtschaft sein

info@j-kamphausen.de
www.weltinnenraum.de

Lektorat: Adele K. Gerdes
Visuelle Inszenierung: Jwala und Karl Gamper
Typografie/Satz: Pepi Schellhorn
Druck & Verarbeitung: Sterndruck, A-6263 Fügen

1. Auflage 2005
Die Deutsche Bibliothek – CIP – Einheitsaufnahme

Ein Titelsatz für diese Publikation ist bei der
Deutschen Bibliothek erhältlich.

ISBN 3-89901073-6

Karl Gamper mit Signs von Jwala Gamper

SO SCHÖN KANN WIRTSCHAFT SEIN

Der Aufbruch der Kulturell-Kreativen

ÜBER DIESES BUCH

Was will gesagt werden am Beginn einer Reise? Was ist der erste Schritt? Wohl ein Kennenlernen; ein persönliches Wort. Jwala und ich sind Seelengefährten, ein Ehepaar in des Wortes tiefem Sinn. Verbunden durch ein gemeinsames Anliegen.
Dieses lässt sich schwer auf ein Wort verkürzen.

Es ist eher eine gemeinsame Ausrichtung, EIN GEMEINSAMES SCHWINGEN FÜR EIN „GRÖSSERES WIR“. Für ein „Wir“, das alles einbezieht. Den vollen Bogen des Lebens. Das Sichtbare und Unsichtbare; die Erde und den Kosmos. Quarks und Galaxien, das Profane und das Göttliche.

In dieser großen Gleichzeitigkeit gibt es ein Feld, das uns magnetisch anzieht. Es ist das Feld des persönlichen, individuellen Ausdrucks.
Was will sich durch uns zeigen – als unser beider Ausdruck, um sich in einem „Neuen Dritten“ frisch zu formen?

Das „Neue Dritte“ – in diesem Fall ist es ein Buch.

Die Texte von Karl Gamper werden durch Klänge von Jwala Gamper vertieft. Oder erhöht? Jedenfalls wird eine andere Dimension hinzugewebt. Und so kommt ein Klang in die Welt, der dem jeweils Einzelnen nicht möglich wäre. Ein Klang, der ein Tanz ist von Mann und Frau, von Yin und Yang, ein Ausdruck polarer Kräfte, die sich zu neuer Gemeinsamkeit verbinden.

Im Buch geht es um die Schlüsselthemen der Wirtschaft: Geld, Zeit, Kommunikation. Um Positionierung, Shifts und Drifts, und um Wellen. Um Wertesysteme.

Der Schwerpunkt liegt auf praktischer Anwendung.

Daher gibt es beispielsweise zum Thema „Geld“ keine Theorie über integrale, kulturell-kreative Währungssysteme, sondern „Anregungen zum Selbermachen“: Wie Sie ganz persönlich mehr Geld anziehen können.

In all das und über all das legt sich ein Mantel runder Schönheit. Kaum wird es zu mental, kommt eine feine Unterbrechung. Ein Sign – ein Zeichen – aus Stille geboren, durch die Schrift einer Hand geformt. Farben ziehen Spuren und öffnen den Blick in eine Welt jenseits der Worte.

Wie das Wasser dem Meer zustrebt, so folgt auch das Leben einem Lauf. Und wie das Wasser sich – der Schwerkraft folgend – seinen Weg bahnt, so folgt auch das Leben einer Frage.
Es ist die Frage nach dem Leichten. „Wie könnte es leichter sein?“ Antworten darauf bietet dieses Buch.

- Wie gehen wir leichter mit Zeit um?
- Was lenkt und befreit Aufmerksamkeit?
- Wie kommt Leichtigkeit ins „Wettspiel der Ideen“?
- Welche Antworten bieten sich zur Frage der Macht?
- Wie ist das Thema „Geld“ leichter in unser Leben zu integrieren?
- Wie offenbart sich das Spiel von Exformation und Information?

Es offenbart sich in diesem Buch. IN DER GESAMTHEIT. Daher mag sich manches erst beim zweiten Lesen voll erschließen.
Weil das so ist, streuen wir hier einen Tipp ein: Machen Sie sich beim Lesen Notizen. Schreiben Sie das Datum dazu. Und sollten Sie das Buch irgendwann ein zweites Mal lesen, lassen Sie sich überraschen. Es könnte sein – und das ist wahrscheinlich – andere Stellen ziehen jetzt Ihre Aufmerksamkeit auf sich. Sie können wieder Notizen machen mit Datum … oder auch nicht.

Denn das ist die ultimative Botschaft dieses Buches: Wir sind freie Wesen. Menschen, in denen das Endliche und das Unendliche lebt. Wir sind mehr, als es auf den ersten Blick scheint. So geht es auch – vielleicht sogar vor allem anderen – darum, eine Wahl zu treffen: Handeln wir aus dem vergänglichen Aspekt unseres Lebens?

Oder handeln wir aus jenem Aspekt, der das Ewige in uns ausdrückt; der der Liebe verpflichtet ist und weder Angst noch Tod kennt? WIE WÄRE ES, WÜRDEN WIR UNS IN UNSEREN UNTERNEHMUNGEN AUF DIESE DIMENSION IN UNS BEZIEHEN UND VON DORT AUS DEN ALLTAG GESTALTEN; DIE WIRTSCHAFT FORMEN?

Immer dann, wenn wir beide – Jwala und Karl – diesen Blick verlieren, flüstern wir uns einen Zaubersatz zu.

Ihnen viel Spaß beim Lesen, gute Gedanken, eine Fülle von Inspirationen und Geistesblitzen – JETZT.

Karl Gamper

Und hier der Zaubersatz:

IN DER STILLE IMMER LAUTER WERDEN

Stille

STILLE IST DIE KRAFT. IN DER STILLE LIEGT DIE KRAFT. DAS FALLEN IN DIE STILLE IST DER AUSSTIEG AUS DER WELT DER FORMEN. WER DIE TÜR ZUR STILLE ÖFFNET, FINDET SICH UNVERZÜGLICH – JETZT – IM RAUM JENSEITS VON SORGEN, JENSEITS VON ZUKUNFTSÄNGSTEN UND VERGANGENHEITSPRÄGUNGEN. STILLE IST DIE WORTLOSE GEGENWART DER EWIGKEIT. DAS GESCHENK IM HIERJETZT. IN DIESEM KÖRPER. IN DIESER WELT. IN DIESEM RAUM.

Es ist so erfreulich, dieses Geheimnis zu kennen. Es ist das Wissen um den Ausstieg. Es ist das Erleben des Befreit-Seins. Jederzeit. Allerorts.

Wir alle haben diesen Schlüssel in uns. Stets. Immer. In jeder Sekunde. Sowohl in Momenten größter Hektik, als auch in den poetischen Augenblicken müheloser Gegenwärtigkeit. „Warum nur“ – hörte ich unlängst Eckhart Tolle sagen – „Warum nur verbergen wir kollektiv dieses Wissen so hartnäckig?“

Vielleicht, weil die Formen so schön sind. So bunt. So aufregend. Atemberaubend. Die Welt offenbart sich so hingebungsvoll in ihrer Vielheit. Es ist ein Rausch aus Sinnlichkeit. Unsere Augen, die Ohren, unser Denken und Fühlen, alles ist nach außen gerichtet. Und unser Verstand will all das verstehen. Einordnen. Klären. Erklären. Unser Verstand sieht die Muster, erkennt Zusammenhänge, baut Verbindungen, ortet Ursachen- und Wirkungsketten, steigt hinab in die Tiefen kleinster Details und weitet den Blick zu den Horizonten großer Zusammenhänge. Astronomische Räume und atomare Schnelligkeit verbinden sich zu blitzenden Lichtern menschlicher Gedanken. Wie aufregend. Wie aufregend für uns Menschenkinder.

Damit nicht genug. Denn diese Myriaden von Formen lassen sich auch noch fühlen. Erzeugen Resonanzen des fühlenden Erfassens in uns. Wir sehen eine wundersame Linie betörender Schönheit und erfahren in uns die Erhabenheit eines klaren Gefühls. Wir hören den Lärm aggressiver Geräusche und fühlen in uns den Unmut der Störung. Ärger steigt auf. Hektik macht uns Druck, und Druck entfernt uns von Wohlsein. Druck führt uns weiter hinaus in die Welt und weiter weg von uns. Getrieben laufen wir hinterher und fragen am Ende des Tages abgehetzt: Weshalb diese Hetze? Wohin rannte ich eigentlich? Und weshalb beeilte ich mich so. So sehr!?

Stille. Ich schaue auf dieses Sign* von Jwala und das Wort erfasst mich. Eine Resonanz in mir erblüht. Einem Reflektor gleich adelt das äußere Wort einen inneren Zustand. Und unvermittelt wird Stille zum Hintergrund. Zum mystischen Dunkel, vor dem sich die Welt der Formen spiegelt. Spiegelt im Licht des Tages. Bewegt von den Rhythmen des Lebens.

Die Stille selbst ist unberührt. Schweigend. Allgegenwärtig. Unbeeindruckt. Sie lässt geschehen, ohne einzugreifen. Ich erinnere mich an ein Wort von Osho, dem großen Mystiker und Weltenlehrer. Osho sagte: „Gott ist Dunkelheit." Und er meinte nicht die Dunkelheit der Angst, sondern die Dunkelheit der Stille. Die Sattheit des Vollen, das in seiner Unergründlichkeit dunkel bleibt, ohne verschlossen zu sein. Sondern einfach dunkel vor dem Zugriff des wertenden Verstandes, der die Einheit aus Stille nicht versteht und auch gar nicht verstehen kann.

Schwarz schmiegt sich das Wort auf das weiße Blatt. Die Schönheit betört. So vollendet steht es da: STILLE. Jeder Buchstabe eine Sinfonie für sich und doch erst wirksam durch die gemeinsame Botschaft. Eine Orchestrierung. Eine Ausrichtung – ein zielloses Ziel – die mich in Stille fallen lässt.
„In der wahrhaftigen Stille sind wir alle eins. Was aus dieser Stille geboren wird, kennt kein Scheitern", schreibt Margarita Rausch.

Scheitern gibt es nur in der Welt der Formen. Ohne Fixierung auf eine bestimmte Form entwickelt sich das Leben aus dem Sein in einem steten Werden.

IN DER STILLE IMMER LAUTER WERDEN

ist für mich die Botschaft unserer Zeit. Der innere Auftrag jener Epoche, in der wir leben, in die wir uns inkarnierten.
„Du musst weit mehr als verstehen, du musst verändern", schreibt Brian L. Weiss. Und weiter: „Verbessere die Welt, erneuere Beziehungen, vergib anderen und akzeptiere deren Vergebung. Lippenbekenntnisse sind nicht genug. Verstehen, ohne dass für Abhilfe gesorgt wird, ist nicht genug. Deiner Liebe Ausdruck zu verleihen schon." Und ich möchte hinzufügen: Ausdruck verleihen in Form starker Handlungen, die aus der Stille kommen. Die die Kraft der Stille sichtbar machen, hörbar, erlebbar. Greifbar! Und ich möchte ergänzen, dass es weniger darum geht, die Welt zu verändern, sondern sich von der Veränderung verändern zu lassen. Das ist Mitfließen mit dem Leben, mit dem Strom der Evolution, mit dem, was die Menschen des Tao „den Lauf des Wassers" nennen. Wer sich diese „innere Flüssigkeit" bewahrt, lebt im Flow.

Brian L. Weiss ist Arzt, Univ.-Prof. und Bestseller-Autor. Er ist einer von Tausenden, die für ein Millionenpublikum über das Neue Erwachen schreiben.
Über den Paradigmenwechsel, der sich in einem integrativen Bewusstsein und als Wertekostüm in der kulturell-kreativen Szene zeigt. Es mag Zufall sein oder nicht – jedenfalls liegt sein Buch „Die Liebe kennt keine Zeit – eine wahre Geschichte" neben mir. Es ist Samstag, ich sitze im Bett, den Laptop auf dem Schoß und: schreibe.
Schreibe das, was Sie jetzt lesen.

Was beflügelt mich, dieses Buch zu schreiben?
Mein innerer Ruf, mein Verstehen, dass wir kollektiv genug verstanden haben. Freunde,

Kunden, Mitarbeiter … wir alle sind mental erleuchtet; mehr oder weniger.

Wir alle wissen alles.

Wir – ich meine damit die kulturell-kreative Szene – haben Reinkarnations-Thesen ebenso erforscht wie die Geheimnisse gesunder Ernährung, wir wissen um die Gaia-Hypothese, die unsere Erde als Lebewesen sieht, wissenschaftlich anerkannt, um die integrierende Kraft von Yoga. Wir kennen die Wohltaten der Meditation, sind informiert über den „Erleuchtungsmarkt“, kennen die neuesten Trends und können mitreden, wenn es um Feng-Shui, die Stellung des Mondes und dessen Auswirkungen auf den nächsten Haarschnitt, die vermeintliche oder tatsächliche Verschwörung der Hochfinanz gegen uns Gut-Menschen geht oder um die verdrießliche Position Amerikas im Krieg um Öl und Einfluss in Arabien im Allgemeinen und um die Verweigerung von Umweltschutz im Besonderen.

Wir alle sind mental erleuchtet; mehr oder weniger.

Wenn Sie, so wie wir, tief eingetaucht sind in die Szene der „Kulturell-Kreativen“, in das soziale Movement von „Spirit, Selbsterkenntnis und Selbstausdruck“ – dann haben Sie ähnliche Bücher gelesen und Ihr Bücherschrank gleicht auf erstaunliche Weise unserem. Die Fachrichtung mag nuancieren. Sie mögen Experte sein in … Vorlieben haben für … Schwerpunkte setzen bei … – doch – Hand aufs Herz – wirklich erzählen können wir uns gegenseitig nichts.

WIR WISSEN ALLE, **WIE ES GEHT.**

Da wir so viel verstanden haben, ist es an der Zeit, dass wir aus der Stille heraus lauter werden. „An ihren Früchten werdet ihr sie erkennen“, sagte der Meister vor 2.000 Jahren. Unser Handeln muss unserem Verstehen entsprechen und Ausdruck eines integrativen, kulturell-kreativen Bewusstseins sein.

Anders formuliert: Die Echos unserer Handlungen brauchen die Kraft der Stille. Unser Handeln will gegründet sein in uns und darf aus uns kommen. So wird unser Handeln

tragend. Tragend von einem Mensch-Sein, das Körper, Seele und Geist vereint.
Beseeltes Handeln kommt aus einer tiefen Ebene und ist authentisch. Und machtvoll in dem Sinne, dass eine Wirkung geschehen kann. „Authentizität", „Individualität und Gemeinschaftssinn" sind die Meta- und Mega-Trends unserer Zeit. Unter diesem Rubrum vereinen sich fast alle sozialen Strömungen und zahllose Trends, wie jene des „neuen Alterns", der „neuen Weiblichkeit", des „think global, act local", der Hinwendung zu Nachhaltigkeit und damit zu Zukunftsfähigkeit, Wellness, Selfness, LOHAS**, Spiritualität oder Luxese, wie die Verbindung von Luxus und Askese kreativ-elegant genannt wird.

In der Stille immer lauter werden bedeutet – und das ist höchst herausfordernd – gemessen zu werden an den eigenen Handlungen. Denn – nochmals – mental erleuchtet sind wir alle. Den vermeintlichen Handlungszwängen zu entkommen durch inneren Abstand, Bewusstsein und einer Kultur zu neutraler Beobachtung von dem, was real ist: Das ist die Herausforderung einer attraktiven Zukunft, die sich im Jetzt zeigt.
Die Herausforderung ist, sich selbst und andere als Menschen tatsächlich zu erfahren. Denn wir erkennen einander als Menschen nicht. Nicht wirklich. Sonst wären Mord und Totschlag, Vergewaltigung und Mobbing, Betrug und Lug … nicht auf der Tagesordnung.
Die nächste Stufe der Evolution könnte sein:

MENSCHEN ERKENNEN EINANDER ALS MENSCHEN.

* Signs von Jwala Gamper sind „essentielle Statements". Schlicht, aufrichtig und sehr direkt. Aus einer inneren Stille kommend, berühren sie Menschen in ihrer Seele und bringen Herzen zum Schwingen.
„Signs" wirken auf wundervolle Weise nicht nur auf Menschen. Wasser nimmt die Botschaft auf und zeigt die Wirkung in betörend schönen Wasserkristallen. Das bestätigt auch der bekannte Wasserforscher Dr. Masaru Emoto. Emoto wörtlich über einen Kristall, der sich bildete, als Wasser mit dem Sign STILLE in Berührung kam: „Dies ist einer der schönsten meiner Karriere." (Masaru Emoto und Karl Gamper hielten im Juli 05 und im Spt. 05 gemeinsam Vorträge und einen Workshop. Im Verlag Kamphausen ist dazu eine DVD erhältlich „Die Botschaft des Wassers für Kulturell-Kreative".)

** LOHAS (die Anfangsbuchstaben von „Lifestyle of health and sustainability"; LebensART, Gesundheit und Nachhaltigkeit. Das „S" von LOHAS steht auch für „spirit"; z. B. „spirit in products"und auch für „silence"; STILLE.) – LOHAS sind Produkte und Dienstleistungen, die den Lebensstil von kulturell-kreativen Menschen spiegeln. Der Umsatz von LOHAS-Produkten steigt Jahr für Jahr und überragt 2005 deutlich die 500-Milliarden-EURO-Grenze. (Quelle: Prof. Paul Ray, american life Inc.)
Mehr zu LOHAS unter: www.gamper.com.

In
der
Stille
immer
lauter
werden.

Die
Liebe
immer
tiefer
lieben.

Der
Existenz
immer
ähnlicher
sein.

WETTSPIEL DER IDEEN UND RESONANZ.

Ich bin ein Meister, der übt.

WETTSPIEL DER IDEEN.
DER „NEUE UNTERNEHMER“.

NUN, DER „NEUE UNTERNEHMER“ IMPLIZIERT, DASS ES AUCH EINEN „ALTEN“ UNTERNEHMER GEBEN MUSS. UND JETZT HABE ICH MEINE ERSTE BITTE AN SIE. ERSPAREN SIE ES UNS, DASS ICH ÜBER DIESEN ALTEN UNTERNEHMER SCHREIBE.
WAS SOLL’S. WAS WAR – WAR.

Ich sage das mit höchstem Respekt und größter Anerkennung. Ich kann mich Ihnen gegenüber nicht wirklich verständlich machen, wenn Sie das bezweifeln. Es geht mir nicht um eine neue Polarität und um ein Aufschaukeln von „alt“ gegen „neu“. Es geht um keine neue Trennung und um kein neues „richtig oder falsch“.

Worum geht es dann?

Es geht um ein „Wettspiel der Ideen“. Um Pluralismus innerhalb einer demokratischen Grundstruktur. Jede Form von Dogmatismus ist uns nicht nur fremd, sondern persönlich unangenehm. Fanatismus ist aus unserer Sicht eine „Heilige Seuche“. (Weil Scheinheilige immer einen „Heiligen Krieg“ oder etwas aus ihrer verengten, egoistischen Sicht „Heiliges“ ausrufen.) All das führt stets zu einem neuen Sektierertum und damit zu Trennung, Ausgrenzung und Abwertung.

Ein „Wettspiel der Ideen“ ist ein Tanz aus Angeboten. Ein „Wettspiel der Ideen“ folgt der Tradition des Kaufmanns, des Marktes und der Menschen. Die Entscheidung liegt bei Ihnen. DIE FREIHEIT LIEGT BEI IHNEN. Sie können annehmen oder ablehnen. Wahrscheinlich jedoch wird – was dieses Buch betrifft – weder das eine noch das andere im Sinne eines harten „Entweder - oder“ bei Ihnen geschehen. Wahrscheinlich wird eine Idee mehr Resonanz in Ihnen auslösen und eine andere weniger.

Sie sind Ihr eigener Mensch und wir wollen keine Nachläufer. Ein „Wettspiel der Ideen" hat jedoch seinen eigenen Charme. Sie können uns überbieten, übertreffen. Wunderbar! Wir lernen von Ihnen, staunen, fragen uns vielleicht, weshalb uns das nicht selbst eingefallen ist … Auf jeden Fall macht es Spaß, ist gewürzt von Leichtigkeit und getragen von einem fairen, sportlichen Geist.

Und noch etwas: Wir entkommen in einem „Wettspiel der Ideen" der Tristesse ewig gestriger Kriegsschauplätze. Alles darf sein – innerhalb der Grenzen unseres demokratischen Bodens in einem kulturell-kreativen Verständnis. Das macht Wirtschaft so spannend. Der Markt stimmt ab. Und lädt gleichzeitig zu Synergien, zu gemeinsamer Ausrichtung und zu erhöhter Attraktivität der angebotenen Ware oder Leistung. All das fördert sowohl Individualität als auch Gemeinschaftsgeist und beschleunigt das Ende der Einzelanstrengung.
Der „Neue Unternehmer" sieht das Erfolgspotential in Gemeinschaftsprojekten.

„SO SCHÖN KANN WIRTSCHAFT SEIN" atmet viele besondere Botschaften. Die Wirkung liegt in der Resonanz. „Resonare" sagten die alten Römer und meinten „zurück-klingen". Die weise Erkenntnis „Die Welt ist ein Spiegel von dir" beruht darauf. „So wie wir in den Wald hineinrufen, so schallt es zurück." „Was du säst, das wirst du ernten." Unser Umfeld wird das re-präsentieren, was wir ausstrahlen. Irgendwie hängen die Dinge zusammen. Alles ist miteinander verbunden, verwoben, vernetzt. So haben wir die Politiker und die Politik, die wir wählen. Und wir haben die Unternehmen und die Unternehmenskultur – die wir haben.

Oder sind wir Opfer?

Unsere Wirtschaft wird nicht von Mond-Menschen gemacht – sondern von uns. Wenn wir sehen, dass aktuell mehr als 50 Prozent aller deutschen Arbeitnehmer innerlich gekündigt haben, jeder vierte unter Depressionen leidet und Mobbing (nicht nur am Arbeitsplatz, sondern auch soziales Mobbing in den Gemeinden und Städten) praktisch jeden treffen kann, der sich irgendwie hervorwagt … bumm – dann sagt das auch etwas über … uns alle.

„MÖCHTEN SIE IN EINER WELT LEBEN, IN DER ALLE SO EHRLICH SIND WIE SIE?"

Diese Frage wirft uns sehr rigoros auf unsere persönliche Interpretation von Ehrlichkeit zurück. Und damit auf Menschlichkeit.
Denn:

- „So wie du, möchte auch ich glücklich sein. So wie du."
- „So wie du, möchte auch ich Leid vermeiden. So wie du."
- „So wie du, möchte auch ich von dir so behandelt werden, wie ich bereit bin, dich zu behandeln."

Wenn Ethik versagt, braucht es Recht. Unsere parlamentarische Gesetzesflut ist Ausdruck einer versagenden Ethik.

Auch ein „Wettspiel der Ideen" für einen kulturell-kreativen Markt unterliegt den Gesetzmäßigkeiten der Resonanz.

Das ist ein guter Punkt, um über Schwingungen, Entwicklungen und Resonanzen zu sprechen. Die Grundzüge dieses Buches entstanden innerhalb weniger Tage und wurden für ein Unternehmerfest geschrieben. In Buchform.
Das Echo überstieg unsere kühnsten Erwartungen.
Im Eigenverlag herausgebracht wurde „Der Neue Unternehmer – So schön kann Wirtschaft sein" (so hieß das Buch in der ursprünglichen Auflage) nur durch Empfehlungen die Nr. 1 Sachbuch/Wirtschaft; Amazon-Ranking.

Wie ist das möglich? Ein tragender Gedanke dieses Buches ist,
WIRKUNG GESCHEHEN ZU LASSEN. Anstatt davon auszugehen, dass alles von uns und mit unserer Initiative und durch unsere Aktivität geschehen muss, gehen wir davon aus, dass in jeder Situation ein bestimmtes Potential enthalten ist. Dieses gilt es zu entdecken und von dem können wir uns tragen lassen.

„Wenn ich es nicht tue – geschieht es nicht" – ist das stressreichste Überzeugungskonzept eines überholten Denkens. Gepaart mit dieser Form des Denkens geht ein pathologischer – also ein krankhafter – Kontroll-Mechanismus einher. Die Sintflut der Gesetze und Verordnungen zeigt das Ausmaß dieser Katastrophe.

EIN NEUES UNTERNEHMERTUM SETZT AUF WIRKUNG UND BEGINNT, DAS MENSCHLICHE WESEN IN SEINER GESAMTHEIT ZU VERSTEHEN.

Aus sich heraus. Autopoietisch ist das Fremdwort dazu. Und da wir uns selbst mehr und mehr verstehen und begreifen, sehen wir zunehmend auch im anderen, im Nachbarn, im Kunden … das verbindende Mensch-Sein.
Mit diesem Verstehen einher geht ein Erblühen von Multidimensionalität.
Wir erkennen, dass der Körper sterblich ist und unsere Seele nicht. Wir nähern uns dem Geistigen und erleben, was schon Hermes Trismegistos, der große Alte, der „Vater" unserer abendländischen Philosophie vor Tausenden von Jahren sagte: „Alles ist Geist."

Und in unserer Internet-Welt von „cross culture", wo alles nur einen Klick weit nah ist, lesen wir Sätze wie „Das TAO ist das, was von selbst geschieht" oder „Die Welt und das Leben sind – in Einem! – sichtbare Wirkung und unsichtbare Ursache". Die unsichtbare Ursache ist das Geistige, nicht das Mentale, nicht der Verstand. Diese unsichtbare Ursache zeigt sich in der sichtbaren Wirkung. Es ist wie die dunkle und helle Seite des Mondes. Dabei gibt es keine wirkliche Trennung zwischen den beiden Seiten und auch keine mechanistische Ursache-Wirkungs-Kette.

Die Welt ist so, wie sie ist. Es liegt an uns, den Fokus der Aufmerksamkeit ausschließlich auf das Materielle, Mechanistisch-Funktionale, Oberflächlich-Nützliche zu lenken oder tiefer zu schauen. Multidimensionaler. Dann funkelt sofort das Organisch-Lebendige auf. Das Bewegte. Das Vielschichtige. Der Blick weitet sich auf das Gewebe einer Situation. Wir erkennen Muster und ahnen, wohin der Fluss des Lebens führen könnte.

SO STEUERN WIR, INDEM WIR MITFLIESSEN. Und eine Ausrichtung haben. Wie der Fluss, der zum Meer strebt.

Und wir stellen uns nicht gegen den Fluss unseres Lebens. Warum auch? Wir sind so klein und der Fluss ist so mächtig. Wie lange könnten wir uns gegen diesen Fluss stemmen? Und überhaupt, wir sind nicht wirklich getrennt von diesem Fluss.

Persönlich glaube ich, dass die **Abstimmung am Markt** entschieden wird. Wenn Nachhaltigkeit* zum Motor der Wirtschaft wird und Produkte auch eine Botschaft, eine Haltung und einen Geist transportieren und: GEKAUFT werden – dann beginnen diese Produkte und Dienstleistungen zu siegen. Mit multidimensionalen Botschaften.

Im Spiel von Angebot und Nachfrage wird im „Wettspiel der Ideen“ jener gewinnen, der den Markt gewinnt. In die Tat umgesetzte kulturell-kreative Ideen haben dabei gute Chancen. Die besten Chancen. Denn die Evolution des Lebens geht in Richtung Integration. Und Integration bedeutet, das Geistige und Seelische ebenso zu umarmen wie das Materiell-Körperliche.

Der „Neue Unternehmer“, die „Neue Unternehmerin“ sind Menschen, die etwas unternehmen. Aus sich selbst heraus. Sie leben den Archetypus des Kreativen. Und Kreativität hat mit Ausdruck zu tun, mit bewusstem Kontrast und mit Ausgleich; mit Gleichgewicht.
Was ich damit meine ist: Die derzeitige Wirtschaft hat ein bedrohliches Übergewicht in Richtung Materie und materieller Nützlichkeit.

Das ist eine Chance für den kulturell-kreativen Menschen.
Denn durch diese Überbetonung ist es leicht, kreativen Freiraum zu finden für Botschaften, die über den Tellerrand des nur Materiellen reichen.
Die Natur strebt in allem nach Ausgleich. Der Markt tut das auch. Sehen wir nur, welchen Boom Wellness auslöste. Wenn dieser Trend verglühen könnte, so deshalb, weil das Seelisch-Geistige noch stärker bedient werden will. Vor allem authentischer. Getragen von einem persönlichen Erleben und einem authentischen Anliegen anstatt von einem Zweckdenken.

Gedanken und Ideen sind deshalb wirksam, weil sie Gefühle anregen und – vor allem – Handlungen auslösen. Der Neue Unternehmer und noch mehr die Neue Unternehmerin wissen das und: wenden es an. Freude. Gutes Gelingen und „resonare" :-)

* Nachhaltig ist, was dem Wesen des Menschen dient.
Ich sehe mit Sorge, dass sich um das Wort „Nachhaltigkeit" ein Mantel von „veraltet" und „verstaubt" bildet. Vielleicht liegt das daran, dass der Begriff von mehr als 100 Jahren von einem Förster geprägt wurde? Jedenfalls schwingt in der Aura des Wortes „Nachhaltigkeit" die Tristesse des erhobenen Zeigefingers und moralisierende Besserwisserei.

Das Nachhaltige ist zukunftstauglich. Nachhaltigkeit ist somit die Eingangstür zu einer attraktiven, erstrebenswerten Zukunft. **Nachhaltigkeit ist der Motor einer kühnen, kulturell-kreativen Wirtschaft. Modern. Stylisch. Angedockt.** Nachhaltigkeit ist „next generation leadership". Es ist eine Vorwärtsbewegung, die einen Sog auslöst und den Raum des Nutzens dramatisch vergrößert. Hin zum großen Nutzenbogen und weg vom Instant-Nutzen, der nicht über den Tellerrand zu schauen vermag. Hin zu Langzeit-Strategien, hin zu organisch-dynamischer Lebendigkeit und weg von linearen, eindimensionalen, mechanisch-flachen Ursache-Wirkungs-Ketten.

Nachhaltig ist, was das Wesen des Menschen fördert. Holistisch. Gesamthaft.
Den Körper, die Essenz (als Frequenz der Seele verstanden) und den namenlosen Geist als dreieiniger Klang – das ist nachhaltig. Nachhaltigkeit ist die Sonnenkraft, die Produkte und Dienstleistungen nährt und ein Aroma des Leichten, Levitierenden, Aufsteigenden erzeugt.

RHIZOMATISCH KOMMUNIZIEREN.
VOM SHIFT ZUM DRIFT.

selbst bestimmt

„ALLES KOMMUNIZIERT" (EVERYTHING COMMUNICATES) LÖST EIN JA AUS, WEIL ALLES MIT ALLEM AUF DER QUANTENEBENE MITEINANDER VERBUNDEN IST. DENKEN, FÜHLEN UND WOLLEN, VERBUNDEN MIT UNSERER ESSENZ, IST AUTHENTISCHE KOMMUNIKATION.

DAS WESEN DER KOMMUNIKATION UND DAS WESEN DES WASSERS SIND GLEICH. VERMITTLUNG – IST DAS GEHEIMNIS DER KOMMUNIKATION UND DAS WESEN DES WASSERS. WAS WIRD BEI BEIDEN VERMITTELT? KRÄFTE.
BEI KOMMUNIKATION IST ES HAUPTSÄCHLICH DIE KRAFT DES WORTES.

Kommunikation ist wie ein Hafen, von dem aus die Schiffe Ihrer Sprache, die Wellen Ihrer Codes und Signale, Ihrer Botschaften – in die Welt reisen. Ihr Hafen gründet in Ihrem Wertekostüm, in Ihrer Stille, letztlich in Ihrer Essenz.

Kommunikation lässt sich nicht auf Worte reduzieren. Kommunikation ist eine Textur, ein Gewebe – das sich in das Gewebe anderer Menschen einfügt. Kulturell-kreative Kommunikation hat das Flair des Leichten, Spielerischen, Tänzelnden. Und ist genährt von einem offenen Bewusstsein, das um die Relativität von Standpunkten weiß und gleichzeitig – das mag paradox erscheinen – tief im eigenen Wertekostüm gründet.

Auch hier mag uns die Analogie zum Wasser helfen. Standpunkte sind wie Korken, die auf der Oberfläche schwimmen. Sie werden bewegt von den Wellen der Sprache und bilden ein Muster. Diese Standpunkte korrespondieren mit anderen Standpunkten und werden in einer Art Reibung geformt. Manchmal verfestigt, manchmal abgerundet, erweitert, vertieft. Ein Wort gibt das andere, ein Gedanke führt zum nächsten. Aus all dem entsteht eine „authentische Kommunikation".

„Authentische Kommunikation" meint,
Ihre kommunizierte Haltung ist

FÜR SIE Stimmig

Mit Liebe und Toleranz sehen Sie andere Standpunkte, andere Meinungen, andere Wertigkeiten. Sie können alles andere gelten lassen – insbesondere dann, wenn sich das „andere" auf dem Boden einer Gemeinsamkeit bewegt. Diese Art von Kommunikation ist oft von einem Staunen begleitet. Es ist spannend zu sehen, was die Menschen alles glauben und an was sie ihr Herz hängen.

Ein anderer Standpunkt wird Ihren Standpunkt bereichern. Vielleicht festigen, vielleicht aufweichen, vielleicht verändern? Auf jeden Fall wird dieser andere Standpunkt in Ihnen Resonanz auslösen. Und es kann sein, dass Sie zu einem „Wettspiel der Ideen" aufbrechen, an Ihren Standpunkten feilen und diese anderen mitteilen.

Wenn Ihr Standpunkt in Ihnen gründet – aus Ihnen quillt – dann haben Sie letztlich gar keine andere Wahl: Sie werden zu Ihrem Standpunkt stehen. Und sich gleichzeitig tolerant zu anderen Standpunkten verhalten.

Das eigentliche Geheimnis, das wir damit berühren, heißt Nicht-Identifikation. Sie haben einen Standpunkt, doch Sie SIND nicht dieser Standpunkt. Sie haben eine Überzeugung, doch Sie SIND nicht diese Überzeugung. Sie haben – um unser Hafenbild nochmals aufzugreifen – ein Schiff, doch Sie sind nicht dieses Schiff. Durch inneren Abstand wird es Ihnen möglich, entspannt zu den rechten Worten im rechten Augenblick zu greifen.

Es ist nicht notwenig, Gott und die Welt zu überzeugen. Sie haben sich gelöst aus dieser Fixierung von: Nur dieses ist richtig und jenes ist falsch. Ein kulturell-kreatives Bewusstsein

ist integrativ. Bindet ein. Lässt gelten. Sieht und versteht. Was nicht bedeutet, zu allem Ja und Amen zu sagen. Ganz im Gegenteil. Oftmals sind wir aufgerufen, Farbe zu bekennen, um im „Wettspiel der Ideen“ zu bestehen.
EIN „MENSCHLICHER DELPHIN“ IST BEREIT, GEGEN „HAIE“ ZU KÄMPFEN – WENN ES SEIN MUSS. Er wird „zuschlagen“ und bereit sein loszulassen, wenn der Kampf vorbei ist.

Unser mit dem Verstand identifizierter Körper – und unsere Seele (unser Wesens-Ich; unsere Essenz) verhalten sich zueinander wie Auto und Fahrer. Bitte halten Sie in Ihrem Bewusstsein aktuell, dass Sie der Fahrer sind und nicht der Wagen. Die Anstrengung, die Kontrollsucht und vor allem die Unbewusstheit, mit der viele versuchen, ihren Standpunkt zu zementieren und anderen aufzuzwängen, ist purer Irrsinn.

Im Grunde – ACHTUNG, DAS IST EIN MACHTVOLLES WORT – im Grunde sind alle Kriege entstanden, weil wir uns mit unseren Standpunkten identifiziert haben. Identifizieren heißt gleichsetzen. Einswerden. Irrtümlich das eine für das andere halten.

Ein Mensch, der sich irrtümlich mit einem Standpunkt identifiziert, meint, er IST dieser Standpunkt. Und er gibt lieber seinen Körper auf als seinen Standpunkt. Und auf den Grabsteinen steht: Er hat gekämpft für unsere „Heilige Idee“ und ist gefallen durch das Schwert des Gegners. Fanatismus ist eine „Heilige Seuche“.

Wenn ich sage – alle Kriege – dann meine ich nicht nur die Kriege des Militärs, sondern unsere persönlichen Kriege mit uns – und mit anderen. Da wir uns – in unserem Bewusstsein – mit unseren Standpunkten – mit unseren Bildern, wie etwas sein soll – identifiziert haben, sind wir in einer permanenten Reibung. Stets ist das Leben anders als unser unbewusstes Bild. Das erzeugt Spannung. Dauerspannung. Und diese Dauerspannung führt zu einem Dauerkrieg.

Der Ausweg liegt darin: Wach zu werden für die innere Stimme in uns.

Aufmerksam zu werden für unsere eigenen Einflüsterungen. Ein Bewusstsein zu entwickeln für den Unterschied zwischen Idee und Realität. Realität ist, was ist.
Idee ist das Modell in unserem Kopf. Wenn wir ein Bewusstsein entwickeln für diese inneren Vorgänge, dann hört unser innerer Kommentar ganz von alleine auf. Es ist wie Dunkelheit, die vor dem Licht der Kerze verlöscht. Kein separates Tun ist notwendig.
Aufmerksames Hinschauen genügt.

DIE ZEIT IST JETZT, DIESE UNBEWUSSTEN IDENTIFIKATIONEN ZU LÖSCHEN.

Die Prägung des Bewusstseins durch den Verstand ist wie eine zweite Geburt. Eine gigantische Leistung unseres Nervensystems. Schmerzhaft und prägend. Nach dem Schock der Geburt beginnt sich das Baby mit dem Körper zu identifizieren. Später mit seinen Gefühlen und seinem Denken. Stellen wir uns diese unglaubliche Leistung vor, wenn in ein unkonditioniertes Bewusstsein abstrakte Töne fließen, die das Nervensystem nach und nach als Wörter mit Bedeutung übersetzt.
Hier ist nicht der Punkt, um auf die Anatomie und auf die Genesis, also auf den Entstehungsweg unseres Egos einzugehen. Doch in diesen ersten Jahren bildet sich die Illusion eines von der Welt getrennten Ich.

Kaum auf der Welt, wurde Ihnen z. B. Ihr Name immer und immer wieder gesagt, vorgespielt, liebevoll eingetrichtert. Irgendwann haben wir alle kapiert: Ah, das bin also „ich". „Ich bin Karl." Endlich, bei mir hat es – wie bei Ihnen – Jahre gedauert, bis ich das verstand, und es war einer der glücklichsten Momente meiner Mama und meines Vaters, als ich nach monatelangem Training endlich „Kali" mummelte. Mein Vater war vollkommen aus dem Häuschen, wie er mir später oft erzählte. Das fehlende „r" hat er mir verziehen, als wäre ich ein Chinese. „Kali".
El wal so velzückt, dass el mich immel wiedel Kali nannte.

Die Zeit
ist
Jetzt

Stellen wir uns vor, welche Imprägnierungen es braucht, bis unser Nervensystem das abstrakte Wort „Schnuller" mit einem Schnuller gleichsetzt und dann in einer Generalisierung alle Schnuller dieser Welt als Schnuller erkennt. Und in allen Schnullern auch den einen, den eigenen Lieblings-Schnuller.
Wörter und die damit verbundenen Überzeugungen, Standpunkte, Glaubenssysteme graben sich tief ein; sinken ab ins Unbewusste und prägen unser Denken, Fühlen und Handeln. Wir identifizieren uns über den Körper mit Wörtern. Bis hinein in die Struktur unserer Knochen und Muskeln.

Jahrzehnte später.

Nach einem Training sagte ein Teilnehmer zu mir – irgendwie empört und gleichzeitig überrascht und erstaunt: „Weißt du, jetzt habe ich mehr als 30 Jahre gebraucht, um mich mit Standpunkten zu identifizieren, und jetzt erkenne ich: Das sind alles nur Etiketten, Wegweiser, Hinweisschilder. Finger zum Mond, jedoch nicht der Mond selbst. Bilder, jedoch nicht die Landschaft selbst. Mein ganzes Leben ist ausgerichtet auf Ideen und Modelle. Diese sind mir realer als die Wirklichkeit vor meinen Augen."

Wenn uns das wirklich bewusst wird – aktuell bewusst; also unser aktueller Bewusstseinszustand – dann öffnen wir uns für das heilige Wissen der Wüstenväter, der Schamanen, Magier und Weisen aller Zeiten. Dann erahnen wir die Tiefe, wenn geschrieben steht: „Am Anfang war das Wort." Und wir beginnen, achtsamer und bewusster Dinge zu benennen. DAS WISSEN UM DIE KRAFT DER BENENNUNG – löst Identifikationen langsam auf. Es ist ein Geschehen-Lassen – weniger ein Tun. Kein Machen. Etwas von uns fällt ab – weil die Zeit reif ist. Wie ein welkes Blatt.

Kommunikation hat viel mit „Bewusstheit", „Ausrichtung", „Benennung" und „Entscheiden" zu tun. Mit „Bezogen-Sein". Und ebenso mit Echos, mit Resonanzen, mit Schwingungen.

Entscheiden.

Wir können uns entscheiden, ent-spannter, bewusster und weniger bewertend zu leben. Wir können uns entscheiden, uns von Identifikationen zu lösen. Dann wird die Welt auf jeden Fall friedlicher und intelligenter. Weil wir Standpunkte haben – anstatt uns mit Standpunkten zu identifizieren.

Ich lade Sie ein, mit mir zur Quelle des Wortes

entscheiden

zu wandern.

„Decision“ kennen wir aus dem Englischen und „de caedere“ – „abschneiden“ – sagten die alten Römer, wenn sie sich „von einer anderen Möglichkeit abschnitten“. Mit dem Rücken zur Wand kämpften. De caedere; abschneiden. Sich mit dem Rücken zur Wand von einer anderen Möglichkeit abschneiden. Sieg oder Niederlage. Rigoros, oder?

Aus „de caedere“ wurde im Deutschen „entscheiden“. Das ist interessant. Denn die Vorsilbe „ent“ signalisiert, dass wir uns von dem Nachfolgenden trennen; abschneiden; „befreien von; scheiden“.

Beispiele:

Ent-eisen – frei von Eis.
Ent-hüllen – frei von Verhüllungen.
Ent-sorgen – frei von Sorgen.
Ent-kleiden – frei von Kleidern.
Ent-scheiden – frei sein im Sinne von jenseits der Scheide, jenseits des Scheideweges.

SOMIT: **AUSGERICHTET.** *verbinden*

Das führt uns auf wundersame Weise wieder in unseren Hafen zurück. Wir sind verbunden mit unserer Essenz, unserem Wesens-Ich, unserer Seele. Und wir sind eingebettet in das Wasser des Geistes, in das TAO, wie die Chinesen sagen, um ein algebraisches Wort-Zeichen für das Undefinierbare zu verwenden.

Im „Wettspiel der Ideen" ermuntere ich, sich der **KRAFT DER WORTE** bewusst zu sein – ebenso wie der Tatsache, dass wir der Kapitän sind. Und dass „der Kapitän" per Definition das „Nicht-Definierbare" ist. Das Tao. Das Unsichtbare jenseits aller Worte. Jenseits aller Beschreibungen. Jenseits aller Versuche, das Grenzenlose zu begrenzen.

An dieser Stelle möchte ich Ihnen ein besonderes Geschenk hinhalten.
Es ist der folgende Satz.
Er lautet: DAS, WAS SIE BENENNEN KÖNNEN, **SIND SIE NICHT**.

Als Christopher Columbus seinen Fuß wieder auf die Erde setzte, verbeugte er sich, küsste die Erde und sagte: „Ich nenne dich San Sebastian."
Er gab damit diesem Land ein Etikett. Er kreierte ein Wort und benannte das Land. Durch die Identifikation von Wort und Land entstand eine Einheit, die ursprünglich willkürlich und bewusst geschaffen wurde. So entstehen Identifikationen. Mit der Zeit vergessen wir natürlich die Zusammenhänge und identifizieren uns mit der Benennung. „Das, was Sie benennen können, sind Sie nicht."

Als der sagenumwobene Artus das Schwert Excalibur aus dem Stein zog und dadurch König von Britannien wurde, sagte sein Mentor und Lehrer Merlin:
„Nenn dein neues Königreich nicht Britannien. Zu viel Blut, zu viele Kriege, zu viel Leid kleben an diesem Namen. Schaffe einen neuen Namen. Nenne dein neues Reich Camelot."

Artus hat das getan. Er nannte sein neues Reich „Camelot". Damit schuf er – was?

Freiraum in den Köpfen seiner Ritter. Keine Bilder waren dort gespeichert zu Camelot. Keine alten Geschichten. Keine Fehden. Diesen mentalen Kontext konnte nun Artus füllen und bis zum heutigen Tag hallen die Geschichten nach von Lanzelot und den Rittern der Tafelrunde.

Eine kulturell-kreative Kommunikation weiß um die Relativität von Standpunkten, um die Verengung, die aus Identifikation entsteht, und um die Kraft der Benennung. Daher ist es wichtig, ein Problem genau zu benennen. Denn das, was wir benennen können, sind wir nicht. **Problem erkannt, genau benannt – ist zu zwei Dritteln gebannt.**

Wenn ich ein Thema tiefer erforsche, beginne ich bevorzugt bei der Genese des Wortes. Der Ursprung des Wortes – so er auffindbar ist – offenbart in der Regel eine Welt. Als Beispiele habe ich Ihnen „SAN SEBASTIAN", „CAMELOT" und „ENTSCHEIDEN" serviert.

Vielleicht, wage ich zu spekulieren, hat es einen Sinn, dass im Wörterbuch nach Kommunikation Kommunion steht?

Wir sahen, Kommunikation ist sehr viel mehr als nur Sprache. Von dem, was Sie eben gelesen haben, kann ein normal begabter Mensch höchstens 7 Prozent wiedergeben. Verschwanden 93 Prozent im Nirvana? Nein! Die Form, die Art der Schrift, die Anordnung, der innere Ton der Sprachwahl, die Textur des Wortteppichs, die Energie als Trägerfrequenz, das Papier, die Umgebung, in der Sie lesen und noch sehr viel mehr – all das ergibt die restlichen 93 Prozent. Dazu zählen auch die Intention des Schreibers und das gewählte Medium.

Eine kulturell-kreative Kommunikation integriert möglichst viele Aspekte und ordnet diese nach der eigenen Stimmigkeit. Daher sprechen wir von „kommunikativen Inszenierungen". Diese sind organisch. Geben Raum. Lassen etwas entstehen. Laden Dynamik ein.

Sie erinnern sich: Wirkung geschieht.

DAS VERLANGT NACH EINER SPRACHE DES ÖFFNENS UND DES RAUM-BIETENS. SO KANN FREI-RAUM ENTSTEHEN. DAS BEDEUTET NATÜRLICH AUCH, DIE KUNST DES INDIREKTEN EINZULADEN UND NICHT ALLES UND JEDES MIT ERKLÄRUNGEN VOLLZUSTOPFEN.

Das Gegenteil davon sind Informations-Kampagnen, deren Ziel „Überzeugen, Überreden“ lautet.

Wir sind jetzt wieder bei Schwingung und Resonanz gelandet. Doch ich möchte noch etwas zu Information und Exformation sagen.

Information dröselt sich auf in: In-FORM-ation.

Damit ist gemeint, einen Gedanken in eine Form pressen. Ich könnte auch sagen: hart machen. Fassbar. Klagbar. Greifbar. Starr.
In dieser mentalen Fitness stehen leider die meisten Kommunikations-Strategien. Die Folge davon sind Verhärtungen. Wer leidet nicht an dieser trommelnden, mechanistischen Informationsflut? Die Information wird uns eingehämmert; eingetrommelt.
Kaum schalten wir den Fernseher ein, kommt schon wieder die ewig gleiche Werbung. Doch die Zeiten haben sich geändert. Unternehmen und Politiker können etwas hundertmal wiederholen, wenn es keine Resonanz auslöst, geht es bei einem Ohr hinein und beim anderen heraus. Die Information wird kontraproduktiv. Verärgert. Langweilt das moderne Erregungsgehirn. Wir haben die Information längst verstanden – „wählen Sie UZX“ – und tun es doch nicht. Es ist, als ob jemand dauernd quengelnd sagen würde: „Liebe mich. Liebe mich. Liebe mich.“
Unser modernes Gehirn braucht Erregung und Multidimensionalität anstatt Wiederholung. Die Kids zippen ohne Ende. Ein Erregungsgehirn reagiert mit „gäääähn“ auf ewig gleiche Floskeln.

Schauen wir uns zum Vergleich kulturell-kreative Inszenierungen an. Hier finden Sie bevorzugt eine fraktale Kommunikations-Führung. Fraktal heißt selbstähnlich. Der gesamte Duktus ist anders. Anstatt hämmernder Wiederholungen – Ähnlichkeiten, die wir wieder erkennen. Facettenreichtum. Ähnliche Bezüge in veränderten Rahmen. Story telling. Moderne Bilder. Angedockt an Lifestyle. Intelligenz. Der Leser wird geadelt; meist wird Humor hinzugemixt. Fast immer Offensichtliches mit Hintergründigem verwoben. Locker serviert. Und doch in einem Anliegen gegründet. Vielleicht als Einladung zum Kauf?

Alles in der Natur ist fraktal. Kein Blatt ist gleich, doch es ist selbstähnlich. Kein Haar gleicht dem anderen, doch es ist fraktal. Jede fraktale Werbung, die ich kenne, ist auch ästhetisch, kreativ, intelligent. Obwohl die Botschaften immer anders sind – ist ein hoher Wiedererkennungswert gegeben. Weil die gesamte Inszenierung einem Script folgt und weil bestimmte markante Punkte wiederholt werden. Das Logo zum Beispiel.

Der „Neue Konsument", der kulturell-kreative Konsument erfreut sich an Ästhetik. Diese löst einen Sog aus; ist ein Magnet, der FEENSTAUB IN DER AURA DES PRODUKTS oder der Dienstleistung. Fraktale Kommunikation ist vorwiegend exformativ und damit attraktiv. Attraktivität ist das Fremdwort für Anziehungskraft. Eine schöne Frau ist für einen Mann attraktiv. Sie „versklavt", sagen Systemforscher – die Aufmerksamkeit eines Mannes.

EXFORMATION GIBT EINEM GEDANKEN RAUM. LÄSST DIESEN FREI SCHWINGEN, LÄDT ZU INTERPRETATION EIN. FREIWILLIGKEIT IST DAS RESULTAT. ES ENTSTEHT EIN GEIST VON „VERSTEHEN". DIE HAND IST OFFEN. DER KUNDE ENTSCHEIDET. UND NATÜRLICH IST AUCH DIE INFORMATION EINGEBAUT, WO ES WAS WANN GIBT.

Exformation dröselt sich auf in: Ex-FORM-ation.

Der Gedanke kommt aus der Form heraus. Schwebt. Fliegt. Wird gesehen wie ein Regenbogen. Etwas Anziehendes liegt in der Luft. Irgendwie ungreifbar und vielleicht gerade deshalb attraktiv? **EXFORMATION.** DER GEDANKE ATMET, WANDERT UND ZIEHT SEINE KREISE.

Kulturell-kreative Kommunikation spielt mit Information und Exformation. Wie ein Tanz. Beide Partner sind wichtig und die Matrix entsteht aus der Bewegung.

BEISPIEL FÜR DEN AUFBAU EINER KULTURELL-KREATIVEN KOMMUNIKATION: **DAS RHIZOM**

Den Begriff RHIZOM hat der französische Philosoph Gilles Deleuze (1925-1995) geprägt. Gilles Deleuze stellte gemeinsam mit Fèlix Guattari das „Rhizom“ 1976 vor. Es handelt sich dabei um ein labyrinthisches Modell, in dem Bezüge nicht länger ein-, zwei- oder maximal dreidimensional geschaffen werden, sondern auf allen Ebenen, quasi unendlich, wie in einem Hypertext.

Ich habe dieses Modell in den 1980er Jahren übernommen und zu einem eigenständigen, anwendungsorientierten, leicht verständlichen Kommunikations-Modell ausgebaut, bei Konzepten angewandt und in zahlreichen Trainings weitergegeben und verfeinert. Soweit ich sehe, hat mein Modell wenig mit jenem von Deleuze zu tun, wenngleich Multidimensionalität auch für mich im Zentrum steht. Aus Respekt und als Würdigung an den Urheber habe ich den Begriff „Rhizom“ gelassen.

Das Wort selbst kommt aus der Botanik und wir finden Spuren bis zu den alten Griechen; „rhiza“ – „die Wurzel“. Das Rhizom ist keine Wurzel im bekannten Sinn, sondern eine verdichtete Sprossachse, in der sich die Säfte und Kräfte sammeln, damit Pflanzen überwintern können.
Aus dem Rhizom heraus erblüht beispielsweise die Schwertlilie oder das Veilchen.

Wenn wir das nun umlegen auf kulturell-kreative Kommunikation, so verabschieden wir uns vom Grundgedanken herkömmlicher Kommunikation mit den gebräuchlichen Sender- und Empfänger-Modellen und der damit verbundenen mentalen Mechanik.
Beispiel: Deshalb, weil ich etwas sage – tun Sie es noch lange nicht.

Nochmals: Das Wesen einer rhizomatischen Kommunikation ist ein Tanz zwischen Information und Exformation. Möglichst multidimensional, nicht nur das Wort oder das Sichtbare einbeziehend, sondern auch das Emotionale, Mentale sowie auch das Energetische integrierend. Der Blick liegt besonders auf dem Unsichtbaren. Und auf der Wirkung, die in unserem Verständnis nicht gemacht werden kann. Je mehr sich jemand anstrengt, Wirkung zu erzielen, desto verkrampfter wird er wirken. Wenn alles schon im Vorhinein zementiert und fixiert ist, entfaltet sich schwer eine Atmosphäre ungezwungener Heiterkeit.

Das Rhizom ist ein Kaleidoskop verschiedenster Botschaften, die zusammenwirken wie die Musikinstrumente eines Orchesters. Scheinbare Gegensätze lassen sich leicht vereinen zu einem gemeinsamen Klang.

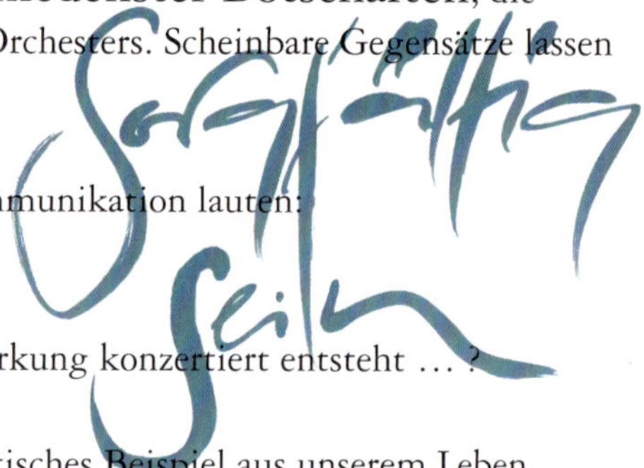

Die zentralen Fragen rhizomatisch aufgebauter Kommunikation lauten:

- wie wollen wir gesehen werden … ? – oder
- wie soll etwas aufgenommen werden … ?
- und was müssen wir zeigen, damit diese Wirkung konzertiert entsteht … ?

Damit wir uns nicht in Theorien verlieren, ein praktisches Beispiel aus unserem Leben.

Das Erste, was Jwala und ich taten, als wir das Claudiaschlössl in einem sehr desolaten Zustand übernahmen war, ein Rhizom zu formen. Da das Claudiaschlössl ein sehr bedeutendes Projekt in unserem Leben war und ist, buchten wir ein schönes Hotel an einem See, mieteten den Seminarraum und arbeiteten intensiv zwei Tage lang an unserem Rhizom. Das haben wir uns trotz äußerst schmalem Budget geleistet. Und wir schreiben das, um mit Ihnen zu teilen, wie wichtig ein Rhizom ist.

Die Fragen waren:

- Was soll im Claudiaschlössl geschehen?
- Wie wollen wir gesehen werden?
- Welche mögliche Wirkung wollen wir einladen – Raum geben?

Nochmals: Wirkung ist aus unserer Sicht nicht etwas, was sich machen lässt. Wirkung geschieht. Es ist ein Zulassen. Ein Geschehen-Lassen. Gleichzeitig ist es bedeutsam, dass wir STRUKTUREN SCHAFFEN, damit sich etwas manifestieren kann. Ich schreibe dazu beim Thema Geld mehr.

Das Claudiaschlössl

ist ca. 500 Jahre alt, umgeben von einem Park mit uraltem Bauernhof und mehreren Stadeln und liegt im Herzen der Alpen, im Zentrum eines Dorfes. Unsere Vision war – Wirtschaft und Bewusstsein zu verbinden und dafür einen Kraftplatz anzubieten. Aus heutiger Sicht kann ich sagen: Wir wollten einen kulturell-kreativen Kraftplatz schaffen, einen physischen Absichtsraum, wo sich Menschen treffen können, um in einem „Gewächshaus für Ideen" ihre Projekte professionell zu entwickeln. Unsere ursprüngliche Ausrichtung war, dazu Seminare, Trainings und Coachings anzubieten.
Da wir mit dem Fluss des Lebens gehen, sage ich gleich, dass sich sehr vieles wandelte.

Zurück zu unserem ersten Rhizom; dem „Bau-Rhizom". Die beste Form, ein Rhizom darzustellen, ist eine „mind-map" zu fertigen. Diese ist flexibel genug, um Informationen aufzuschreiben und offen genug, um den exformativen Teil anzumerken. Wir vertrauen Ihnen hier unsere mind-map aus dem Jahre 2000 an in der Absicht, dass Sie davon inspiriert für Ihr Projekt Ihr Rhizom und Ihre mind map machen können. (Wer nicht genau weiß, was eine mind-map ist, dem empfehle ich: www.mindmap.ch)

- Wie wollen wir gesehen werden? (In Zukunft)
- Was ist für uns authentisch und stimmig? (In der Gegenwart)

Das sind die zentralen Fragen. Es geht nicht um den manipulierenden Blick nach außen, sondern um den authentischen Ausdruck des Eigenen. Wie lässt sich der eigene Ausdruck darstellen, damit dieses Konzert als Wirkung möglich werden könnte?

Hier nun die zentralen Begriffe, für die wir uns entschieden:

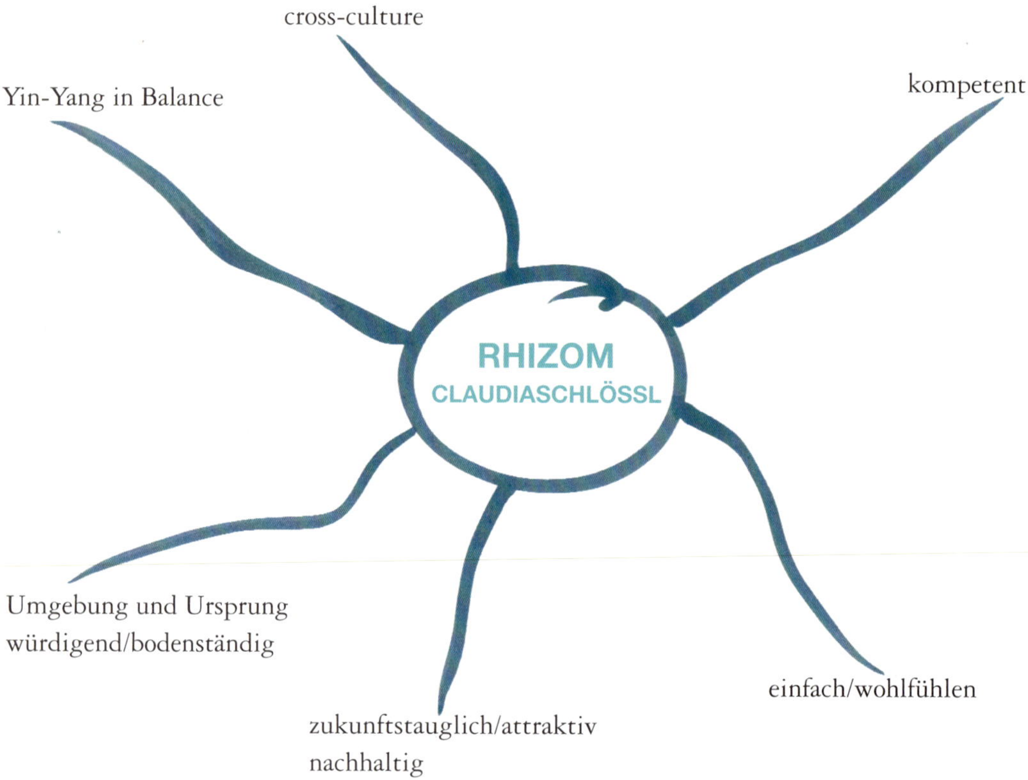

Sie sehen: Ein Kaleidoskop von Botschaften, die auf den ersten Blick widersprüchlich scheinen. Bitte lassen Sie sich von den von uns verwendeten Wörtern nicht abschrecken. Das ist unsere Denkart. Bitte nehmen Sie Ihre Begriffe, Ihre Worte, Ihren Ausdruck.

Die zentralen Begrifflichkeiten zu finden ist der erste Schritt. Er ist entscheidend. Anfänger nehmen meist zu viele oder zu wenige. Die hier angeboten Anzahl ist ein gutes Maß. Anfänger hinterfragen oftmals die Bedeutung des einzelnen Begriffes nicht. Nehmen wir das Wort: „Luxus." Wenn Sie Ihr Rhizom gestalten, hinterfragen Sie, was Luxus für Sie und für Ihre Mitspieler bedeutet – so es in Ihrem Rhizom vorkommen sollte. Fragen Sie nach Beispielen. Gleichen Sie die Bilder ab.

Der zweite Schritt ist, zu erkennen – weniger mental, mehr zellulär, mit dem ganzen Körper – „alles kommuniziert". Also auch die Materialien, die Stoffe, die Formen, die Farben, Düfte, Anordnungen, die Geometrie. Und wie ein Konzertmeister, wie ein Komponist geht es nun darum, unter die einzelnen geklärten Begrifflichkeiten einen sichtbaren Ausdruck zu hängen.

Das ist der dritte Schritt. Erweitern Sie Ihre „mind-map" um jene Maßnahmen, die Sie TUN, damit die erwünschte Wirkung entstehen kann. Wir beschreiben in kurzen Worten an unserem Beispiel, wie das aussehen könnte. Und wir öffnen auch den Bogen der Denkhintergründe, um Ihnen unsere Beweggründe zu zeigen.

YIN-YANG IN BALANCE

Alles in der Natur folgt einem Fließgleichgewicht. Ist dieses gestört, gleicht die Natur aus. Oftmals mit Katastrophen. Yin und Yang sind Prinzipien – nicht Frauen und Männer. Folglich geht es um die Beziehung, um das Spiel, um das Fließgleichgewicht zwischen Yin und Yang und um das, was in der chinesischen Philosophie „Hsiang Sheng" genannt wird; „beidseitiges Entstehen" oder „Unzertrennlichkeit". Das eine entsteht aus dem anderen und das andere wellt zurück und bereichert die Bewegung gesamthaft. Es ist ein Fließen im Ausgleich eines gegenseitigen Entstehens.

Der „Yang"-Aspekt in der Formensprache drückt sich durch klare Linien und kubische Formen aus. Geometrische Figuren wie Rechtecke und Quadrate wirken auf unser Bewusstsein und lösen Klarheit aus. Gedankenklarheit, die unterstützt, sich auf das

Wesentliche zu beziehen. Dadurch entsteht in unserem Bewusstsein „Reduktion". Das wiederum steigert die Konzentration. Konzentration ist die Kunst des Weglassens.
Wir haben also beim Umbau viele geometrische Formen gelegt. Gerade Flächen. Klare Rechtecke und Quadrate.

Über diese Yang-Struktur – das ist entscheidend – legten wir eine „Yin-Struktur", die sich in weichen, organischen Formen ausdrückt. Dunkles warmes Holz. Schöne einfache Dinge – vermitteln optisch Ruhe und führen zu innerer Stille und Frieden. Wir legten große Achtsamkeit auf Licht und auf Materialien. Das Emotionale betonend.
Und schulten unseren Blick für das Detail.

Wenn wir nicht darüber sprechen – ist diese Yin-Yang-Struktur sehr schwer erkennbar. Und doch sind unsere Gäste bewegt von der Magie der Leere und der Transparenz der Räume, zu diesem Spiel von Alt und Neu, von dieser gegenseitigen Bereicherung, die nach kurzer Zeit zu innerer Ausgeglichenheit führt; Yin-Yang in Balance.

Da wir nicht nur die Häuser, sondern auch den Park so codierten, entstand so etwas wie ein „AndersLand". Menschen, die zu uns kamen, gaben dem Ort diesen Namen. Nicht weil hier fremdartige Pflanzen wachsen, sondern weil sie sich in dieser so codierten Umgebung einfach anders fühlen.

CROSS-CULTURE

Wir haben es vermieden, das Claudiaschlössl zu einseitig in eine bestimmt Kultur zu codieren. Weder ins Tirolerische, noch ins Asiatische oder Amerikanische. „Glaube nichts – hinterfrage alles" – diesen Grundsatz unserer Trainings haben wir auch für unser Bau-Rhizom eingesetzt. Daher finden Sie eine Metall-Skulptur mit STILLE-Sign im Park vor dem Claudiaschlössl, daneben einen denkmalgeschützen Tiroler Mittelgangbauernhof, weiters ein Tipi (ein Indianerzelt), davor einen Zen-Garten und viel freie, natürlich gewachsene Fläche. Diese Offenheit in der Formensprache, vereint mit sparsam und bewusst gesetzten Signalen führt in die eigene Authentizität und wirkt. Selbstverständlich auf jede und jeden anders – jedoch nicht einengend.

Es sind Objekte notwendig, um Leere zu zeigen, so wie Materie erforderlich ist, um Licht zu sehen, und ein Körper, um sich des Bewusstseins bewusst zu werden.

KOMPETENT

Da das Rhizom ein zentraler Punkt unserer Arbeit ist, waren wir besonders sorgfältig und achtsam bei allen Details. Wenn andere Menschen das ebenfalls spüren, dann entsteht – wie von alleine – Kompetenz. Niemand zweifelt daran, dass wir uns über Jahre mit dem Rhizom auseinander gesetzt haben und Möglichkeiten und Anwendungsbereiche erforschten. Aus dem entsteht natürlich ein Transfer in andere Bereiche.

UMGEBUNG UND URSPRUNG WÜRDIGEND/BODENSTÄNDIG

Das Leben gab uns fast ein Jahr lang Zeit, 1999, um zu erforschen, was in und um das Claudiaschlössl sein soll. Diese Zeit haben wir genützt, um uns mit Grund und Boden vertraut zu machen. Es war ein Lauschen zu jeder Tag- und Nachtzeit und zu jeder Jahreszeit. So ist in uns die Idee zu einem kulturell-kreativen Kraftplatz gereift. Organisch. Und nicht nur mental. Das gab uns die Möglichkeit, mit dem Lauf der Dinge zu gehen und nicht nur einem Konzept zu folgen. Heute ist das der innere Kern unserer Arbeit.

Denn es ist eine Sache,

- der Welt unser Konzept überzustülpen und die Wirklichkeit nach unserem Konzept zu formen. Das ist der Weg der Menschen derzeit – seit vielen Jahrhunderten.

Eine andere Möglichkeit ist,

- das **Potential einer Situation** zu ergründen, die Kraft darin zu fassen und aus und mit dieser Kraft zu gestalten. Das ist stark verbunden mit einem klaren Blick auf das

Reale. Auf das, was jetzt wirklich ist. Und führt in der Folge dazu, mit dem Fluss der Ereignisse mitzugehen. Zu gestalten, indem wir mitfließen.

- Die **Verbindung** von Idee und tatsächlicher Situation ist eine moderne, integrative Möglichkeit für ein kulturell-kreatives Schaffen.

ZUKUNFTSTAUGLICH/ATTRAKTIV

Ob wir das sind – entscheidet in einem ökonomischen Kontext der Markt.

DAS RHIZOM ANWENDEN

Sie können das Rhizom für fast alles anwenden. Für die Einrichtung Ihres Wohnzimmers, für Ihre Marke, für Produkte, für Ihre Dienstleistung, für Ihre Kleidung, für Ihr nächstes Projekt, für Ihre Korrespondenz … Auf alles, was Ihnen so wichtig ist, dass sich der Aufwand für ein Rhizom lohnt. Everything communicates.

Wir haben beispielsweise Dutzenden von Einrichtungsprofis das Rhizom gezeigt und diese trainiert. Können Sie sich vorstellen, welch andere Beratungsqualität entsteht, wenn der Verkäufer nach dem fragt, was der Käufer in seinem Wohnzimmer fühlen möchte? Welche Lebens-Qualität er einladen will. Es ent-steht … es kommt ein vollkommen anderes Gespräch in Fluss. Es kommt zu einer Begegnung.
Denn es kann nicht in erster Linie darum gehen, ob der Vorhang zur Wandfarbe passt. Sondern darum, welches energetische Klima der Kunde will. Welche Qualität die von ihm geprägte Umgebung auf ihn und andere rückwirken soll. Schließlich lebt er dort. Mensch-Sein rückt so individuell und kreativ in den Mittelpunkt. LebensART – bekommt einen anderen Stellenwert.

Und wir sind gefordert, uns zu fragen, was wir „wirklich wirklich wirklich“ wollen. Das ist die schwierigste Übung! Denn wir kennen das Land, das wir nicht wollen. Selten jedoch das gelobte Land, in dem wir leben möchten. Kulturell-kreativ. Und, wie würden Sie sich einrichten – nur so als Übung – wenn Geld keine Rolle spielen würde? Was würden Sie tun, wenn das, was Sie tun möchten, nicht scheitern könnte? Unser Verstand geht oft nicht über diese Begrenzung hinaus und betritt so gar nicht den „fun-tastischen" Raum, in dem sich der eigene Traum spiegeln könnte. Zu schnell sagen wir: Kein Geld. Keine Zeit.

SHIFTS, DRIFTS UND TRENDS.

Welches Projekt Sie anpacken – ob als Angestellter, Selbständiger oder Unternehmer – die Frage der Positionierung ist entscheidend. Das bedeutet nicht, dass diese Frage immer gestellt wird. Und es bedeutet noch weniger, dass diese Frage auch sorgsam beantwortet wird. Doch die Frage der Positionierung ist bedeutsam.

- Wie lautet das soziale Feld, in dem Sie sich bewegen?
- Anders gefragt: In welchem Markt sind Sie?

Die Größe des „Marktes“ ist nicht entscheidend. Es kann Ihr Dorf sein. Ihre Firma. Eine soziale Gruppierung. Eine Branche. Die ganze Welt.

- In welchem Feld bewegen Sie sich beruflich?

Dieses Feld gilt es zu benennen.

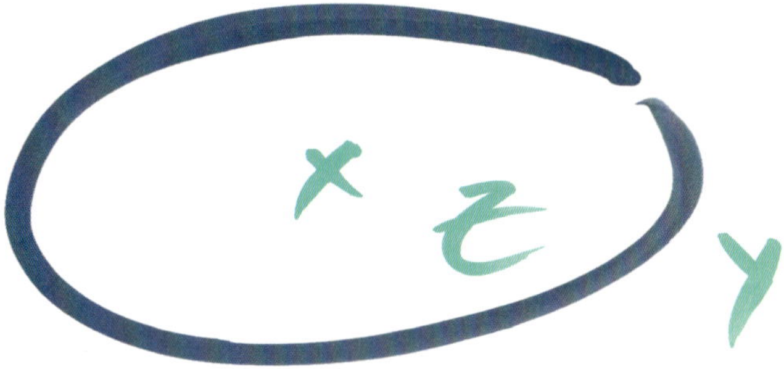

Dieses Oval symbolisiert die Meinungsmatrix Ihres Feldes. Nehmen wir bildhaft an, es handle sich um einen See. Alle Meinungen, Standpunkte und Überzeugungen schwimmen wie Fische in diesem Meinungswasser, in dieser Meinungsmatrix.

Dort wo das X ist, ist die Mitte. Hier gibt es den größten Konsens. Mit diesen dort angesammelten Meinungs-Clustern stimmen die meisten Menschen überein.
In der Mitte sind „Weder-noch-Aussagen“.

WERDEN WIR, WENN WIR IN DIE MITTE KOMMUNIZIEREN, GROSSE BEWEGUNGEN AUSLÖSEN? WAS SAGEN SIE?

Denken Sie bitte an die Politik. Die Mitte ist in der politischen Werbung heiß umkämpft. Wie steht es um die Aussagen der Politiker? Welchen Wert haben diese bei Ihnen persönlich? Reißt es Sie vom Hocker, wenn Sie einen politischen Slogan lesen? Nimmt es Ihnen den Atem? Lässt Sie diese „kommunizierte Kreativität“ unverzüglich handeln?
Da Sie dieses Buch lesen, bezweifle ich das stark.

Daher empfehle ich Ihnen, nicht in die Mitte zu kommunizieren.

Y Wenn Sie zu stark an den Rand Ihres Meinungsfeldes kommunizieren, sind Sie „out of reality". Der Hinweis auf „Ihr Meinungsfeld" ist dabei entscheidend. Beispiel: Für einen etablierten Banker ist die Forderung, den Zins abzuschaffen, Unsinn. „Out of reality." In der alternativen Geld-Szene (Stichwort: Alternativ-Währungen) hingegen bewegen Sie sich möglicherweise zu sehr in der Mitte. Sie müssen für sich herausforschen, wo für Sie das Y ist. Y steht für „out of reality".

Z Die größte Wirkung erzielen Sie, wenn Sie gekonnt Ihre Kommunikation irgendwo zwischen X und Y positionieren.

AUF DEM PUNKT Z LÖSEN SIE AM WAHRSCHEINLICHSTEN EINE BEWEGUNG AUS.

Um den Punkt Z zu nützen, biete ich Ihnen eine Welle an. Haben Sie den Mut, diese Welle kulturell-kreativ zu „reiten".

Als Erstes können Sie mit Ihren Handlungen und mit Ihrer Kommunikation einen Shift erreichen. Eine Welle bildet sich. Die Welle wird getragen hauptsächlich durch Ihre Energie, Ihr Tun, Ihre Botschaften. Wenn Sie den nächsten Gedanken – den Sie gleich lesen – tatsächlich leben, tatsächlich in die Tat umsetzen, wird mit höchster Wahrscheinlichkeit aus dem Shift ein Drift.

Der angekündigte Gedanke lautet:

KONTINUITÄT IN DER AKZENTUIERUNG.

Setzen Sie **kontinuierlich Akzente.**

Jwala und ich zum Beispiel setzen kontinuierlich Akzente in die kulturell-kreative Szene. Bei möglichst vielem, was wir tun, ist das unser Maßstab. Dies als Beispiel für Sie. Sie werden Ihr Meinungsfeld haben, Ihr Interessensgebiet, Ihre attraktive Branche, Szene, Ihren Markt, Ihr Anliegen. Setzen Sie bitte kontinuierlich unterschiedliche Akzente. Das verstärkt Ihre Welle.

Und wenn diese ebenfalls kulturell-kreativ ist? Ja, dann willkommen. Freude.

AUS EINEM SHIFT KANN EIN DRIFT ENTSTEHEN. Sie bemerken das dann, wenn Sie von anderen zitiert werden. Wenn andere auf Ihre Arbeiten hinweisen. Wenn das soziale Umfeld beginnt, Sie deutlich wahrzunehmen – und (im besten Fall) unterstützt. Je deutlicher – desto stärker die Welle und desto markanter der Drift.

Wenn das der Fall ist, beginnt die Welle Sie zu tragen. Sie reiten die Welle und die Welle nährt sie. Es ist ein Tanz aus Geben und Nehmen. Da alles in unserem Universum **DREI** ist – fragen wir hier nach dem Dritten?

Was ist das Dritte?

Das Dritte ist die Beziehung. Die Beziehung zwischen Geben und Nehmen, die Balance in all dem.

Gehen wir weiter. Wenn der Drift da ist, dann ist ein Trend der nächste Punkt. Ihre Produkte werden trendig. Ihre Dienstleistung wird zum Parameter. Die Welle wurde stark und lebt AUS SICH SELBST HERAUS. Die Welle wurde autopoietisch. Das heißt, die Welle organisiert sich aus sich selbst heraus.

Die Kunst besteht jetzt darin, auf der Welle zu bleiben und später von dort aus eine weitere Welle zu starten.

Starten Sie eine neue Welle erst dann, wenn Ihre Welle stark ist. Springen Sie nicht zu früh ab und – vor allem – warten Sie nicht zu lange. Fast alle warten zu lange. Die meisten Veränderungen geschehen aus Druck. Geschehen dann, wenn die Welle abflacht. Wenn kaum mehr Ressourcen vorhanden sind – weder an Zeit noch an Geld noch an Menschen.

Ein menschlicher Delphin beginnt eine neue Welle – wenn es das Potential der Situation erlaubt! – dann zu reiten, wenn die „alte“ Welle noch **vor dem Zenit** ist.

Er lässt sich von seiner Welle noch tragen und wechselt dann geschickt und ethisch und bewusst. Es ist ein Weitergehen im Fluss der Evolution und kein Abspringen im Sinne einer Verleumdung.

ENTSCHEIDEND IST, den rechten Moment für den Punkt der Weggabelung – Bifurkationspunkt genannt – zu finden. „bi – zwei; furca – die Gabel".

Das kann auch ein Punkt des Loslassens von einem Projekt sein. Wenn Ihnen das Leben deutlich zeigt: Ab da ist es nur noch schwierig. Wenn Sie das deutlich erleben – dann hören Sie auf diese Signale.

Aus einem Trend wird – um die Sache fortzusetzen – ein Megatrend und letztlich eine Bewegung. Denken Sie bitte an die Umweltbewegung. In den 60er Jahren des vergangenen Jahrhunderts ein Shift, aus dem wurde ein Drift, aus dem ein Trend, daraus ein Megatrend und heute eine nicht mehr wegzudenkende Bewegung.

Große Bewegungen werden übrigens fast immer ausgelöst von einem Buch. Bei der Umweltbewegung war es „Silent spring" und in der weiteren Folge die bahnbrechenden Publikationen von Hazel Henderson. Heute sind die Publikationen zu diesem Thema nicht mehr zu zählen.

MEIN ANLIEGEN IST, SIE ZU ERMUNTERN UND ZU BEFÄHIGEN, EINE KULTURELL-KREATIVE KOMMUNIKATION ZU GESTALTEN. GESTALTUNG IST EIN KOMMUNIKATIVER PROZESS.
„DIE GANZE WELT IST KOMMUNIKATION" – SAGT ERNST PETER FISCHER.
SIE HABEN ETWAS ZU SAGEN. TRETEN SIE HERVOR.
EXCELLERE – SAGTEN DIE ALTEN RÖMER UND MEINTEN: HERVORTRETEN.
EXZELLENT.

Zusammenfassung zu Shift, Drift, Trend

- Erkennen Sie gegenwärtig das Potential Ihrer Situation.
- Wir stellen nicht die Vision in den Mittelpunkt, sondern das Situationspotential. Dieses ist das Herz der Reise, der Ausgangspunkt.
- Sieben Schritte – eine Oktave weiter …

1) Klären Sie Ihr Meinungsfeld.
2) Orten Sie den Punkt .
3) Was ist für Sie stimmig und wertvoll? Was möchten Sie kommunizieren?
4) Werfen Sie das – um ein Bild zu verwenden – in Ihr Meinungsfeld. So geschmeidig wie möglich.
5) Suchen Sie dafür einen kreativen und effektiven Weg.
6) Bleiben Sie dran. Stichwort: Kontinuität in der Akzentuierung.
7) Sie erleben, wenn der Drift einsetzt.

Verbinden Sie sich mit Ihrem Anliegen. Schauen Sie auf das Potential der Situation*, die unmittelbar vor Ihnen liegt – weniger auf die Ideen, Konzepte und Modelle in Ihrem Kopf. Nützen Sie die Kraft. Reiten Sie die Welle.

Möge Sie ein Gedanke von Kenzaburo Oe, Literaturpreisträger, inspirieren:

„DIE EIGENE BESTIMMUNG ZU ERFÜLLEN, IST DIE EINZIGE VERPFLICHTUNG DES MENSCHEN.“

Diese „Bestimmung“ ist ein Prozess, ein Fluss – kein erstarrtes Festhalten. Ein Flow.

* Eine computerunterstütze Potentialanalyse für Unternehmen bietet www.alchimedus.de

FREIE ZEIT.
DURCH MANAGEMENT DER ZYKLEN ZU FREIER AUFMERKSAMKEIT

Zwanglos

FREIE ZEIT HAT DAS FLUIDUM DES ZWANGLOSEN, DAS AROMA DER WEITE UND DEN **GESCHMACK DES AUTHENTISCHEN**.
„DAS, WAS GETAN WIRD, ENTSCHEIDET SICH FAST SELBSTVERSTÄNDLICH", SAGT JWALA IN IHREN BALLON-SIGNS.

„Freie Zeit" löst in mir eine Drehung aus. Etwas in mir schaltet um. Von Druck auf Sog. Von müssen über Pflichterfüllung und Termintreue – hin zu schweben, der inneren Spur folgen, inspiriert den Moment pflücken, gehen, wohin das Leben will. Und doch eine Ausrichtung haben, Absichten und Ziele.

Wie mag es wohl Ihnen gehen? Mit was assoziieren Sie „freie Zeit"?
Für mich ist freie Zeit nicht, etwas anderes zu tun; sondern: die Qualität im Tun dramatisch zu verlagern. So wie jetzt; während ich dies schreibe. Hier im Garten zu sitzen, die letzten Sonnenstrahlen zu fassen, die in diesem Sommer so spärlich unsere Erde besuchen, die Milde der Rofanberge zu fühlen und schreibend zu entspannen – wie erfreulich.

Ich habe Jwala gesagt: Ich schreibe „So schön kann Wirtschaft sein" in der Absicht, Worte in die Finger fließen und Schreiben mühelos geschehen zu lassen. In diesem Geist der Gelöstheit habe ich heute morgen begonnen, an diesem Projekt zu arbeiten. Wie spät mag es jetzt sein? Ich rufe zu Josef, der im Garten arbeitet. „So gegen halb sieben", ruft er grinsend zurück.

Wow, wie die Zeit vergeht. Wie der Tag verflog! Ein Flow – jenseits von Angst und Langeweile einzutauchen in meine Welt der Buchstaben, der Wörter, der sich formenden Sätze. Ich schrieb einfach darauf los, und während des Schreibens formte sich eine Struktur. Es geschah absichtslos absichtsvoll. Als Wirkung.

Was ist Zeit?

Ich habe dieses Thema lange in mir bewegt und die vielen Trainings und Workshops, die ich zu „Zeit" vorbereiten und leiten durfte, ließen in mir eine innere Matrix reifen. Daher ist auch das Erste, was mir zu „Zeit" in den Sinn kommt, meine eigene Definition.

„ZEIT IST EIN BESCHREIBUNGSMODELL DES VERSTANDES"
– schrieb ich vor Jahren in meinem Buch „wu-wei – Handeln durch Nicht-Handeln".
Das war 1997. Und heute? Bis dato fand ich für mich keine bessere Definition.

Wir Menschen sind zeitgebundene Wesen. In unserem Bewusstsein mäandern drei Zeitfelder: Vergangenheit / Gegenwart / Zukunft. Diese sind mit Mustern, Eindrücken, Einsichten, Erfahrungen, Erinnerungen, Visionen, Zukunfts-Bildern und Ähnlichem imprägniert. Unser narrativer Verstand erzählt uns dauernd Geschichten aus diesen drei Zeitfeldern.
Das englische Wort für Verstand heißt „mind" und umfasst in meinem Verständnis auch die Welt unserer Emotionen.

Wenn wir Menschen einladen, Zeit zu malen oder zu zeichnen, ist das Ergebnis fast immer entweder ein Strich oder ein Kreis. Ein Strich für die lineare Anordnung unserer Denkwelt in Vergangenheit, Gegenwart und Zukunft; ein Kreis als Symbol des Ewigen.

Einfach einen Punkt zu machen, ist eine andere Möglichkeit, Zeit zu zeichnen.

Dieser Punkt zeigt, dass wir jederzeit durch die Tür der Zeit in die Freiheit des Jetzt fallen können. Wir Menschen können augenblicklich der Bindung der Zeit entkommen und den unkonditionierten Raum der Allgegenwart betreten. Hier gibt es kein TUN im herkömmlichen Sinn. DIE DINGE GESCHEHEN, WEIL SIE GESCHEHEN. Die uns so vertrauten Ursache-Wirkungs-Mechanismen versagen im Angesicht prozesshaften Wandels. Einem Werden, das ist, weil es ist.

Alles ist, weil es ist.
Alles geschieht, weil es geschieht.
Alles ist jetzt.

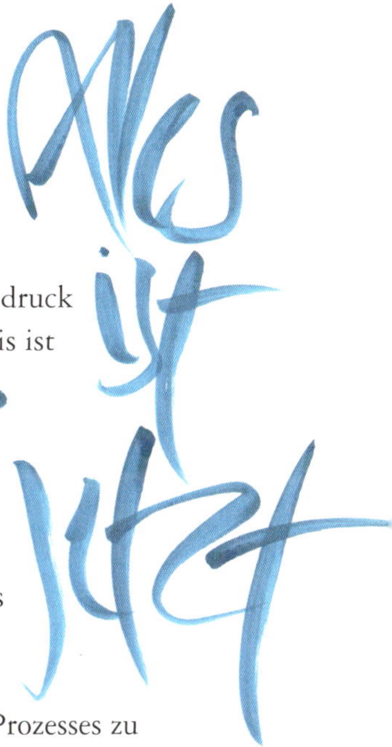

Hier gibt es keinen „Tuer“. Keinen Macher. Kein Ego. Keinen Manager. Und erst recht keinen Zeit-Manager. Dieses SEIN im WERDEN kennt nur Zulassen.

Die chinesische Philosophie bietet dafür den schon erwähnten Ausdruck „Hsiang Sheng“, was so viel bedeutet wie: „Für das kleinste Ereignis ist das gesamte Universum Ursache.“ Anders gesagt: Alles spielt zusammen, selbst wenn nur ein Blatt vom Baum fällt. Keine lokale Ursache im Sinne unseres abendländischen Verständnisses. Alles ist Ursache. Wenn wir mit diesem Blick auf das Potential einer Situation schauen, so kann sich das Verständnis für die darin enthaltene Kraft nochmals vertiefen. Vor allem wird deutlich, dass diese Kraft nur im Jetzt liegen kann und sich in einem Werden entfaltet; enthüllt. Daher die unermüdliche Empfehlung für ein kulturell-kreatives Handeln, dem Fluss zu folgen, den Lauf eines Prozesses zu begleiten. ZU GESTALTEN, INDEM WIR MITFLIESSEN. UND AKZENTE SETZEN. KONTINUIERLICH.

Noch ein weiteres Prinzip der chinesischen Philosophie kann uns in diesem Zusammenhang interessieren. Es ist das Prinzip der Natur und lautet: „tzu-jan“. Was so viel bedeutet wie: Die Bereitschaft, zu empfangen, öffnet die Tür zum höchsten Glück.

Auch hier begegnet uns wiederum Sog anstatt Druck.

Aus der Verbindung von beiden entsteht das Neue Dritte. Alles in unserer Technik ist auf Druck und auf Verbrennen ausgerichtet. Auf Explosion.
Wie wäre es, würden wir zur Einseitigkeit des Drucks das Prinzip des Sogs laden?
Und ähnlich, wie aus der Verbindung von Mann und Frau ein Kind entstehen kann, ein „Neues Drittes", ein eigenständiges Wesen – so wächst aus der Verbindung von Sog und Druck ebenfalls ein „Neues Drittes" im Sinne einer gegenseitigen Ergänzung.

Wir sind in unserem Denken sehr fixiert auf Ursache und Wirkung. Manchmal sogar: Eine Ursache für eine Wirkung. Das ist in einem kulturell-kreativen Verständnis absurd.
Wenn wir in die Natur schauen, erkennen wir: Es gibt keinen Herrn Wind, keinen Wolken-Manager, keinen König Gravitation, keine Prinzessin Elektrizität. Wir können Ursachen letztendlich nur bedingt ausmachen. Warum – als Beispiel – geht die Lawine ausgerechnet heute ab? Weshalb verwüstet der Hurrikan ausgerechnet x? Das „weil", das wir antworten, ist tatsächlich nur die vordergründige Erklärung.
Die Natur kennt offensichtlich nur Prozesse und – wie ich schon an anderer Stelle schrieb – EINES BEDINGT DAS ANDERE, ALLES IST MITEINANDER VERBUNDEN, VERWOBEN, VERNETZT. Ein kulturell-kreatives Verständnis erfasst diese organische Dynamik des Universums und des Lebens – im Gegensatz zu einer linear-mechanistischen Auffassung. In dieser werden alle Vorgänge durch Kausalgleichungen gedacht. Dadurch leben wir in einer kollektiven Trance von Ursache-Wirkungs-Ketten und

können oder wollen nicht mehrheitlich (!) verstehen, dass eines das andere bewirkt in einem wechselseitigen „Hsiang Sheng“.
Alan Watts in seinem Klassiker „Der Lauf des Wassers“ dazu: „Der Begriff der Ursächlichkeit ist nur eine unzulängliche Art, die verschiedenen, zum Zweck der Beschreibung getrennten Stadien eines Ereignisses (durch Zeit) zu verbinden.“

Zurück zum Thema Zeit – die ich hier auch als „Qualität der Zeit“ beschreibe.

Die Qualität der Zeit zeigt sich uns mehrfach. Einerseits haben praktisch alle Menschen der ersten Welt den subjektiven Eindruck, die Zeit vergehe immer schneller. Zerrinne. „Ein Jahr ist gar nichts“ – hören wir einander sagen. Diese Beschleunigung, diese Rasanz kann letztlich zu einem Riss in der „Zeit“ führen und uns in die Gegenwart fallen lassen. Aus dem Verstand – der Zeiträume beschreibt – in das existentielle HierJetzt. In die Kraft und Stille des Moments. Das könnte ein Quantensprung der Menschheit sein. Ein „weißes Loch im Strudel der Zeit“ – wie Peter Russell spekuliert.

Wir leben in einer Wendezeit. Ein Sprung – eine Bifurcation – zeigt sich deutlich und kündigt sich multidimensional an. Wohin uns dieser Sprung führen wird, ist ungewiss. Ich glaube nicht an Apokalypse und unterstütze auch diese Gedanken nicht. Warum auch? Welche Perspektive liegt in einem globalen Holocaust? Die Menschen lernen nicht durch Leid. Leid macht uns nur noch kränker.
Dunkelheit kann nicht mit Dunkelheit bekämpft werden. Mit dieser Strategie verlieren wir. Ein Aspekt von Licht ist in einem kulturell-kreativen Kontext **LIEBE**. Licht ist ein Synonym des Göttlichen. Einer göttlichen Liebe. In uns. Durch uns. Es genügt, sich gedanklich mit Licht zu verbinden – um dieses Licht im eigenen Leben zu entzünden.
AUFMERKSAMKEIT IST DAS MITTEL DAZU.

Aufmerksamkeit ist eine schöpferische Energie:

Dort, wo unsere Aufmerksamkeit hinfällt,
entsteht für uns Wirklichkeit.

Ist Ihre Aufmerksamkeit auf die Idee fixiert, keine Zeit zu haben, werden Sie das erleben.

AUFMERKSAMKEIT VON FIXIERUNGEN ZU BEFREIEN, IST IM GRUNDE SPIRITUELLE ERWECKUNGSARBEIT. Offene Zyklen, unerledigte Dinge, nicht bezahlte Rechnungen, nicht eingehaltene Versprechen, unerledigte Arbeiten, die Fixierung auf inneren Groll, das Kleben der Gedanken am Geld – all das und noch sehr viel mehr bindet Aufmerksamkeit. Die stärkste und tiefste und am wenigsten bewusste Aufmerksamkeitsfixierung liegt im Kern unseres Egos. Dieser hat sich in den ersten Jahren unserer Kindheit geformt – und treibt unser Verhalten in der Welt.
Ich werde in einem anderen Zusammenhang darüber schreiben.

Ich möchte Sie besonders auf die Arbeit mit Zeit-Zyklen hinweisen, die ich weiter hinten beschreibe. Offene Zyklen binden Aufmerksamkeit. Geschlossene Zyklen befreien Aufmerksamkeit. Ein gut gelebtes Leben hat damit zu tun, wie sehr wir die Kunst in unser Leben integrieren, Zyklen bewusst zu öffnen und – vor allem – zu schließen.
BEGREIFE.

Lenken wir jetzt die Aufmerksamkeit auf eine weitere Facette im Zusammenhang mit unserem Thema. Wenn wir MULTIDIMENSIONAL schauen, so erkennen wir, dass sich uns Leben in verschiedenen Dichtegraden offenbart. Es gibt einen zeitlosen Aspekt, das stimmt. Dieser ist gehüllt in reinen Geist, unkonditioniert. Tao. Das Göttliche.

Erst der Kontrast zwischen „Ich“ und „der Welt“ befähigt uns, ein Rendezvous zu haben mit XY in Z. Raum und Zeit lassen sich über das Koordinaten-System unseres Verstandes beschreiben. Der Verstand, den die Buddhisten den sechsten Sinn nennen, ist unsere stärkste Waffe. Was für den Löwen die Pranke, den Hai die Zähne, den Adler die Schwingen – das ist für uns Menschen der Verstand. Durch den Verstand wurden wir fähig, die Fülle der Signale zu verstehen. Ordnung in das Chaos zu bringen. Zeit ist ein Beschreibungs-Modell des Verstandes. Leider haben wir weniger oft den Verstand, meist hat der Verstand uns.

Hier kündigt sich – wenngleich noch schüchtern – eine Wende an. Wir beginnen kollektiv, uns von der Allmacht und Allgegenwart des permanent plappernden Verstandes zu lösen. Global nimmt die Zahl der Menschen zu, die einen Verstand HABEN und diesen mit Abstand betrachten können. Benennen können. Dem Verstand auch einmal Urlaub gönnen.

Und AUS DER **STILLE** HERAUS LEBEN.

VERSTAND **VER-STEHEN.**

Das Wort Verstand kommt von „firestand" und damit ist gemeint: stehen-lassen. Der Verstand wirkt wie eine Zeitlupe, lässt Ereignisse stehen, bildet sie ab, so, dass wir sie betrachten können. Das ist zentral für unser Verständnis. Die Ereignisse selbst bleiben nicht stehen. Über das Medium des Verstandes können wir uns jedoch erinnern, können vergleichen, unterscheiden, verstehen, lernen. Assoziationen herstellen.

Das Ego als Zentrum unserer Persönlichkeit bietet dem Verstand Heimat. Durch dieses „Ich", das ein Wunder unseres Bewusstseins ist, entstand die subtile Trennung von „Ich" – als Organisationsprinzip – und: der Welt. Diese Trennung ist zu durchschauen, wenn wir das „Ich" als Orientierungsorgan verstehen. Als einen Trick unseres Nervensystems, die Welt im Kontrast zu uns wahrzunehmen. Dadurch verstehen wir.

Das ist die eine Seite der Medaille.

Die andere ist, dass wir uns mit diesem „Ich" kollektiv identifiziert haben. Wir glauben irrtümlich mehrheitlich (!), dieses „Ich" zu sein. Wenn wir durch die Illusion hindurchsehen, erkennen wir im „Ich" ein grandioses Orientierungsorgan, das uns allerdings die Fata Morgana einer getrennten Existenz vorgaukelt. Da „ich" – dort „Welt".

Wann dieses „kleine Ich" – wie ich es gerne nenne – entstand und wie es sich zusammensetzt, sprengt den Rahmen und auch die Ausrichtung dieser Exkursion in das Land des Verstandes. Auf jeden Fall ist es höchst interessant, nützlich und hilfreich, wenn wir die

ZWIEBEL UNSERER PERSÖNLICHKEIT ABSCHÄLEN

und: „Durch die Illusion hindurchsehen." Das erleichtert das Leben.

Durch
die
Illusion
hindurch
Sehen.

Ich bin kein Freund von Persönlichkeits-Trainings. Diese festigen meist das „Ich“ und machen uns noch kränker. Sie bauen ein Selbstbild auf, das unser Ego stärkt, anstatt es als das zu enthüllen, was es ist. Die Persönlichkeit ist die Maske, die das Wesen verhüllt.

UNSERE ESSENZ IST VERHÜLLT
VON ICH-HÜLLEN.

Von Ideen, wer wir sein sollten und wie wir zu sein haben.
Schon die alten Griechen haben das erkannt. Sahen durch das „hautverkapselte Ich“ hindurch. Daher nannten sie die grundlegenden Prägungen, die in uns eingeritzt werden, „charássein“ – das Eingeritzte, Eingebrannte. Daraus ist unser Charakter entstanden.

Und „persona“ heißt: „Tönerne Maske.“ Die Schauspieler der damaligen Zeit hielten sich „tönerne Masken“ vor das Gesicht – um in eine der Verhüllungen zu schlüpfen, um etwa einen „wichtigen Mann“ darzustellen. Später haben wir uns mit diesen „tönernen Masken“ – mit unserer Persönlichkeit – identifiziert.

Doch das, was wir benennen können, sind wir nicht.

Das ist auch der Grund, weshalb Persönlichkeits-Trainings kaum etwas bringen. Wie kann etwas aufgebaut werden, was es im Grunde gar nicht gibt? Oftmals wird bei solchen Trainings das „Konzept der Machbarkeit von allem“ aufgebläht. Mit heißer Luft, die vielleicht so lautet: „Du schaffst es, du kannst es, du bringst es, du bist der Beste, Schnellste, Klügste. Du kannst alles erreichen, was DU willst, wenn du es nur willst!“
Mit dem Ergebnis, dass diese mentalen Konstrukte in Momenten innerer Wahrheit in sich wie ein Kartenhaus zusammenkrachen. Wenn wir alleine sind, unter unserer Bettdecke liegen, nur konfrontiert mit uns selbst, dann kann es geschehen, dass wir uns den Unsinn all dieser Verhüllungen eingestehen. Dann weiß der Präsident um seine innere Angst, wird der großartige Motivationstrainer besinnlich und der selbstbewusste Angeber kleinlaut. Die gute Nachricht ist: Jeder Mensch erlebt in seinem Leben solche Momente innerer Wachheit. Die schlechte Nachricht: Viele verhüllen auf dem Weg ins Büro ihr Wesens-Ich und stülpen sich wieder die tönerne Maske über – wie eine Tarnkappe.

Wenn wir die Entwicklung unseres „Ich“ im Laufe der Zeit verstehen, wird uns die Einsicht zur Gewissheit: Das, was wir benennen können, sind wir nicht. Wir sind weder unser Selbstbild noch unser Ego.

WAS HAT DAS MIT ZEIT ZU TUN?
Alles.

Denn das Erblühen dieser Einsicht ist der Grundton des gesellschaftlichen Wandels, der sich weltweit vollzieht. Es mag sein, dass die offizielle Welt das noch nicht in diesem Ausmaß sieht, doch hinter den Kulissen, gut sichtbar, mit Zahlen belegbar, erforscht und deutlich spürbar, bahnt sich eine Wende an.
Mehr und mehr Menschen verinnerlichen – mit den unterschiedlichsten Worten – dass unsere menschliche Reise durch die Zeiten der Evolution von zwei „Projekten“ geprägt war und ist.

- Projekt 1 – Das Projekt der Trennung und des Vergessens.
Die Menschen haben sich aufgemacht, die Einheit allen Lebens zu vergessen. Jann Weiss, eine internationale Trainerkollegin, hat den Versuch unternommen, für das Unerklärliche eine Erklärung vorzulegen: „Vielleicht hat das Allwissende das Experiment gestartet, ob es möglich sei – alles zu vergessen?“ Ob es möglich sei, göttliche Einheit zu verleugnen, um zu glauben, das „kleine Ich“ könne sich Erde und Welt untertan machen – nach seiner Käferperspektive? Und Jann Weiss weiter: „We have done a good job.“

- Projekt 2 – Zurück ins Paradies.
Wir sind, nach diesem Gleichnis von Jann Weiss, aus dem Paradies gefallen, haben Erkenntnisse erlangt und gehen nun – Freude – um all diese Erkenntnisse bereichert ins Paradies. Dass dieses Hier und Jetzt ist, erübrigt sich zu sagen. Oder? Denn das Leben ist eine Reise, bei der wir im Grunde nie unsere innere Heimat verlassen haben. Das wäre ganz unmöglich.

Peter Russell, Star-Physiker von Weltruf, sagt in seinem Buch „Quarks, Quanten und Satori" sinngemäß: Der nächste Sprung der Menschheit ist keine technische Revolte. Es ist mit höchster Wahrscheinlichkeit eine Drehung der Aufmerksamkeit. Wir entdecken, wie wir denken, wie wir fühlen, wie unser Verstand unser Bewusstsein strukturiert und prägt und wie unsere Reise aus der Einheit in die Trennung und von dort – bereichert mit unseren Erfahrungen – wieder zurückführt.

Mein Ansatz ist: Wir haben verstanden. Die kritische Masse ist erreicht. Nun geht es darum, ein „WETTSPIEL DER IDEEN" einzuleiten. Kraftvoll. In Frieden. Zum Wohle aller Beteiligten. Und wer könnte anfangen, wenn nicht wir. Wann? Jetzt. Wo? Hier.

Lassen Sie uns bitte kein idealisiertes Bild aufbauen, sondern einfach anfangen. Das Potential der Situation nützen. Mit dem Gehen kommt Bewusstheit, Erfahrung, Irrtum, Verständnis, neue Wege und neue Möglichkeiten. Am Anfang meiner Trainer-Tätigkeit bin ich mit weit mehr als eintausend Menschen barfuss über glühende Kohlen gegangen. Und dies war mein Startsatz zu den Teilnehmern, die meist bange vor der 800° heißen Feuer-Glut standen: „Mach den ersten Schritt – und geh einfach weiter."

Zeit-Management Wunderbares Spiel.

Ich gehe davon aus, dass Sie erwachsen sind und von mir keine Tipps brauchen, wie Sie Zeit einteilen sollen, wie Sie Dringendes von Wichtigem trennen und Prioritäten listen können.

Lassen Sie uns dieses Thema gemeinsam erforschen. Wie pirschen wir uns heran? An welchem Ende packen wir das Thema Zeit-Management?

Existentiell gesehen, das hoffe ich bewiesen zu haben, ist Zeit eine Illusion. Das SEIN ist zeitlos ewig jetzt. Kein Plan, weil alles Plan ist. Kein Mittelpunkt, weil alles Mittelpunkt ist.

Doch die Zeit des Physikers ist nicht die Zeit des Poeten, schreibt Dr. Larry Dossey in „Space, time and medicine“: „Das Problem Zeit hat viele der besten Köpfe beschäftigt. Vor allem die Frage, wie wir etwas in den Griff bekommen, was es existentiell gar nicht gibt.“ Und doch gibt, wie wir alle wissen. Als Fähigkeit unseres menschlichen Bewusstseins.

Denn ein Teil unseres Wesens ist zeitlos, ewig, unsterblich. Ein anderer Teil ist sterblich, zeitlich, vergänglich. Wir spielen „endliche und unendliche Spiele“.

BETRACHTEN WIR DAS ENDLICHE **SPIEL DER ZEIT.**

1876 biete ich Ihnen als Jahr der Wende an. Von Stund' an war Zeit nicht mehr das, was sie jahrtausendelang war. 1876 brachte die Seth Thomas Clock Company in Connecticut, USA, eine Weltneuheit auf den Markt. Sie erfand den Wecker zum Aufziehen.

Damit wurde möglich, was vorher schier unmöglich schien. Nämlich die Bauern – und es gab zu dieser Zeit praktisch nur Menschen, die in der Landwirtschaft arbeiteten – von den natürlichen Rhythmen abzuschneiden und in den Fabriken zur Schichtarbeit anzuleiten.

Ein Mythos entstand, der sich heute fix in unsere Köpfe einbrannte, damals jedoch absolutes Neuland war. Nämlich die **Verbindung von Zeit und Geld**. Es war Frederick Winslow Taylor, der die Arbeit in einzelne Handgriffe zerlegte und Ford, der das Fließband einführte. Je mehr Handgriffe in einer bestimmten Zeit, desto höher der Lohn.

Eine Denkunmöglichkeit für den Bauern des Mittelalters, der das Feld eben bestellte – in seiner Zeit. Er war fertig, wenn er fertig war. Der Gedanke, die Arbeit in Handgriffe zu zerlegen und über Geld zu bewerten, dieser Gedanke war ihm so fremd, wie er uns vertraut ist.

Es würde mich reizen, Ihnen die einzelnen Stationen und Entwicklungs-Schritte hin zu einem Zeit-Management darzulegen. Wir würden Männern begegnen wir Ivy Lee und dessen historischem Abendessen mit Charles Schwab, dem legendären Aufsichtsratsvorsitzenden von Bethlehem Steel. Bei diesem Abendessen wurde das „Zeit-Management" geboren. Effizienz und Prioritäten und zahllose Raffinessen zogen ein, um Zeit zu handhaben – was „to manage" wörtlich übersetzt bedeutet.

Das Ergebnis ist erschütternd. Und

SIE KENNEN ES.

Je mehr wir „die Zeit" organisieren, desto unübersehbarer bekommt uns die Beschleunigung in den Griff. Die Zeit verfliegt. Stress hat uns gepackt. Wir hasten kollektiv – und keiner weiß so recht wohin.

Wenn unsere Gesellschaft überleben will, werden wir womöglich gezwungen werden, uns nach innen zu wenden. Und wir können uns die Zeit nehmen, unseren Verstand meditativ zu betrachten. Wir werden dadurch die Tür zur Stille in uns öffnen – um Lebensqualität in uns zu finden.

Es gibt einen Satz aus meinen Leben, den ich Ihnen hier anbiete:

Wir können nur das verändern, was wir

erkennen.

Wir erkennen, dass es das Gesetz der Resonanz ebenso gibt wie das Gesetz des Rhythmus. Rhythmus hat mit Vibration, Wiederholung und mit Zyklen zu tun. Durch das ganze Universum weben sich Vibrationen, Rhythmen, Zyklen und Wellen, die jedem Ereignis innewohnen.

Wenn wir das auf unsere Themen Zeit, Zeit-Management und Stress-Bewältigung umlegen, so heißt das, ein Bewusstsein über Rhythmen ist not-wendig – um die Not zu wenden.

STRESS ENTSTEHT AUS MEINER SICHT HAUPTSÄCHLICH DURCH DIE PERMANENTE UNTERBRECHUNG VON ZYKLEN. UND DURCH DAS NICHT-BEACHTEN VON RHYTHMEN UND RESONANZEN.

Wir haben kein in unserer Gesellschaft verankertes Bewusstsein über Zyklen. Jede und jeder unterbricht jede und jeden. Wann immer. Wo immer. Kaum möchten wir uns in eine Arbeit vertiefen, schellt das Telefon oder eine wichtige Mail will dringend und sofort beantwortet werden oder der bedeutende Kunde XY taucht unangemeldet auf oder das Handy weist per SMS auf ein Fax hin …

Wenn Sie jemanden verrückt machen wollen, unterbrechen Sie diesen Menschen so oft Sie können! Bei Folterungen werden diese Unterbrechungen geplant. Störungen sind Teil der Folter. Unterbrechen Sie den Schlaf eines Menschen in jeder Tiefschlafphase und Sie wissen, wie Gehirn-Wäsche funktioniert. Unterbrechungen machen uns verrückt.

Daher lade ich Sie ein, Ihren Rhythmus zu finden.

- Wie ist dieser?
- Wie ist der Rhythmus Ihrer Familie, Ihrer Freunde?
- Ihrer Gefährten im Beruf?

Unterstützen Sie den organischen Rhythmus ihrer Mitarbeiterinnen und Mitarbeiter?

Der Vorschlag lautet: Arbeiten Sie eine Stunde ununterbrochen in Ihrem Rhythmus. Sie werden mehr erledigen als in einer achtstündigen Stresspartie. Führen Sie „heilige Zeiten" in Ihrem Leben ein. Das sind Zeiten, in denen Sie nicht unterbrochen werden. Vor allem nicht von Ihnen selbst. In denen Sie einen Zyklus

- starten,
- durchführen und
- beenden.

Danach sind Sie erholt.
Eine tiefe Freude über Ihr eigenes Tun nährt Sie.
Sie kennen diese sorgenfreien Stunden, wo Sie entspannt ein Buch lesen, am Strand liegen, den Wellen lauschen und: nicht unterbrochen werden.
Meine rebellische Aufforderung ist: Holen Sie diesen Spirit in Ihren Alltag. Gestalten Sie für sich Rituale einer „heiligen Zeit". Beginnen Sie mit einer Viertelstunde.

Das Experiment
Sie sind ein kreativer Mensch. Alle Menschen sind kreativ. Schöpferisch. Unternehmen Sie etwas, das Ihnen eine tiefe Freude bereiten wird. Die Freude kommt auch deshalb, weil Sie sich selbst nicht unterbrechen und dafür sorgen, auch von anderen nicht unterbrochen zu werden. Beginnen Sie bitte mit einer kurzen Zeitspanne.

„FINDEN SIE IHREN EIGENEN RHYTHMUS" ist meine Bitte.
Um das über den Verstand darzustellen, kreierte ich das Wort Be-greif-E

BE-
GREIF-
E

BEGREIFE
ist ein Handlungsrhythmus. Dieser hilft Ihnen, Ihre Aufmerksamkeit zu befreien. Freie Aufmerksamkeit – anstatt gebundener Aufmerksamkeit – öffnet den Fächer Ihrer Möglichkeiten und erweitert Ihren Handlungsraum. Deutlich.

BE – steht für Beginnen. Beginnen Sie Ihre Arbeit bewusst. Der Schwerpunkt liegt auf bewusst. Machen Sie sich klar: Jetzt fange ich an. Und bis … will ich AUF KEINEN FALL, UNTER KEINEN UMSTÄNDEN gestört werden. Schalten Sie Ihr Handy und Ihr Telefon auf Anrufbeantworter. Drehen Sie die Dauerberieselung der Musikanlage ab. Achten Sie auf Geräusch-Hygiene. Tun Sie, was immer Sie können, um AUF KEINEN FALL, AUF GAR KEINEN FALL gestört zu werden. Beginnen Sie (vorerst) mit einer kurzen Zeitspanne. Vielleicht nur eine Viertelstunde? Nicht mehr. Und wenn es gar nicht klappt? Dann ist es Zeit, dass Sie sich selbst einen Moment in den Arm nehmen. Einfach einen Moment bei sich selbst einkehren. Denn Sie sind es wert.

„... und was ist und was ist und was ist ...“ höre ich murmelnd Leser fragen. Sie können sich in jeder Position Ihren Rhythmus antrainieren. Es gibt Berufe, wie etwa Kellner, da sind Unterbrechungen nicht zu vermeiden. Was tun? Integrieren Sie diese in Ihren Rhythmus. Handeln Sie nach dem Schema: **BEGREIFE**

GREIF – dieses Wort steht für „greifen“. Als ich erstmals in meinem Buch „Die Chance arbeitslos“* über „Be-greif-E“ schrieb, zeichnete mir ein Freund ein Kunstfigur, die in einen Pool springt.
Be – für Beginn.
Greif – für das Kraulen durch das Wasser. Durchführen. Handeln.
Greif – meint somit Handlung. Sie tun tatsächlich das, was Sie tun wollen. Zum Beispiel ein Buch lesen. Das tatsächliche Lesen ist das Greif.

E – steht für Ende.
So viele Ziele werden nicht als „Ziel“ erkannt – ich nenne das überlaufene Ziele – weil Bewusstheit für das E fehlt. Damit fehlt Anerkennung. Damit fehlt Feiern. Damit fehlt Dankbarkeit. Damit fehlt ein Bewusstsein für einen abgeschlossenen Zyklus. Und so hasten Menschen permanent weiter.

Es gibt auch professionelle **E**'s. Das sind die Pessimisten. „Das funktioniert nie und nimmer. Nicht bei mir. Nicht bei uns. Das mit den Zyklen ist zu ...?“ Probieren Sie es aus. Wie eine Chance, der Sie eine Chance geben.

Und es gibt professionelle **BE**'s. Das sind jene optimistischen Zeitgenossen, die permanent mit einer neuen Idee ankommen und keine auf den Boden bringen.

Wie ist es bei den **GREIF**'s? Das sind die Macher, die ständig in einem Tun sind und im Grunde kaum etwas produzieren. Doch eine Wolke von Staub aufwirbeln, wo immer sie hinkommen. Ein überholtes Bild vom „Manager" sieht so aus: „Kommt, stört, unterbricht Zyklen, wirbelt, geht wieder." Null Produktion. Keine Welle im Handlungszyklus.

Je runder und rhythmischer Ihre Handlungszyklen, desto höher die Produktivität. Der Ausdruck Ihrer Schaffenskraft. Und: Desto geringer der Stress.

Ich möchte an dieser Stelle Jwala zitieren mit ihrem Zen-Sign Nummer sechs, das Sie auch am Ende des Buches finden. Im rhythmischen Handeln verliert sich der Kampf, den wir so oft austragen. Er hört einfach auf. Und die Dinge werden einfach erledigt.

Der Heimweg:

Hab tapfer meinen Kampf gekämpft,
hab mich vertraut gemacht.
Ich trete jetzt den Heimweg an
und folge singend meinem Weg.

Das beste Zeit-Management, das ich kenne, ist das Management der Zyklen. Es ist in meinem Verständnis zutiefst kulturell-kreativ. Es ist multidimensional, schließt ein Verständnis des Verstandes ein, lädt uns ein, dem eigenen Rhythmus zu folgen wie dem Atem, ist achtsam und respektvoll, zieht signifikant die Leistungskurve nach oben und steigert so auf feine und menschliche Art Produktivität und Kreativität.

Das Ergebnis:

- Viel weniger Stress
- deutlich bessere Leistung, und das
- mit entspannter Leichtigkeit.

Freude

Hier eine Zusammenfassung:

- Finden Sie Ihren Rhythmus – lauschen (hören) Sie auf Ihren Rhythmus
- Be – beginnen Sie bewusst Ihren Zyklus
- greif – arbeiten Sie in Ihrem Rhythmus – nach Ihrem Rhythmus
- E – feiern Sie das Ende – schauen Sie dankbar in die lebendige Gegenwart

Bitte verstehen Sie, dass Zyklen willkürlich sind.
Be-greif-E ist willkürlich.
Sie bestimmen, wann etwas für Sie anfängt. Das ist ein bewusster, kreierter Akt.

Das Leben darf gestaltet werden.
Wie erfreulich.

Dankbarkeit ist eine machtvolle Energie, die uns in die Stille führt. Dankbarkeit hat immer mit Empfangen zu tun und somit mit Fülle. Wir haben erhalten. Dankbarkeit ist das Ende des Mangelgeistes und das Ende der Einzelanstrengung.

Dankbarkeit ist das Eingangstor für Sog **und eine kulturell-kreative Tugend.**

*„Die Chance arbeitslos" ist ein längst vergriffenes Buch von mir, das ich Anfang der 80er Jahre des vergangenen Jahrhunderts schrieb. Der Kerngedanke war und ist: Arbeitslosigkeit ist eine Unmöglichkeit. Arbeit ist immer und jederzeit da.
Die Verknotung – die verdichtete Identifikation – von „Arbeit", „Geld" und „Zeit" prägt unseren Begriff von Arbeit als Erwerbsarbeit – und damit natürlich auch von Arbeitslosigkeit. „Arbeiten" tun wir alle gerne. Im Garten. In unserer Freizeit. Für unsere Hobbys. Wir alle tun irgendetwas ganz besonders gerne – nur nennen wir das meist nicht „Arbeit". Wir alle kennen diese glücklichen Momente, die uns erfüllen – weil wir etwas gut und gerne tun. Flow wird das meist genannt. Wir können im Flow sein – mit und ohne Geld. Jenseits von Angst und Langeweile.

Dies ist keine Lösung des „Problems Arbeitslosigkeit" – doch ein kulturell-kreativer Ansatz in die richtige Richtung. Denn wir haben aus meiner Sicht mehrheitlich auch in dieser Frage eine falsche Strategie. Wir überlegen kollektiv, wie wir dieses durch und durch marode System finanzieren können. Kulturell-kreativ wäre diese Frage:
Wie kann sich ein System ent-falten, das die gigantischen Möglichkeiten der Technik, der Automation ... zum Wohle und zum Nutzen und zur Freude der Menschen integriert? Würden wir uns von Ideologien und von Partei-Denken befreien, so hätten wir in kürzester Zeit ein intelligentes, tragfähiges, finanzierbares und soziales System.

Und das Gespenst „Arbeitslosigkeit" wäre das, was es ist: ein Gespenst. Ein Gespenst, das uns Angst macht. Die Antwort zur Lösung der Arbeitslosigkeit liegt im Grunde bei der Frage der Macht. Das ist die zentrale Frage. Die Wende-Frage. Ich biete in diesem Buch eine Antwort auf die „zentrale Frage der Macht" im Kapitel „Die Kulturell-Kreativen".

GELD.
DER GEIST DER MATERIE

„DIESE GESCHICHTE ZEIGT UNS, DASS DAS GLÜCK DARAUF WARTET, DEN ZU BEGLÜCKEN, DER DIE GELEGENHEIT NÜTZT", BEMERKTE DER DUNKELHÄUTIGE WÜSTENSOHN ...

(AUS: „DER REICHSTE MANN VON BABYLON" – GEORG S. CLASON).

Auch ich erzähle Ihnen eine Geschichte. Allerdings mit einem kleinen, bedeutsamen Unterschied. Sie werden diesen Unterschied erkennen. Er lautet: Das Wissen von Büchern bleibt in Büchern. Sie erinnern sich? Erkennen ist die erste Hälfte der Miete. Anwenden die zweite.

Und Glück dürfen wir nicht von äußeren Umständen abhängig machen. Wer das tut, macht sich energetisch zum Bettler. Glück ist eine Gegenwarts-Energie. Im Grunde eine „Vorher-Energie" – bevor ein Projekt beginnt, ist schon Glück da. In uns. Als Basis. Als emotionaler Kern.
In diesem Sinn lassen Sie uns in das Thema einsteigen mit dem erklärten Ziel, Geld besser zu verstehen. Denn das, was wir wirklich verinnerlicht haben, können wir anwenden. Virtuos und vor allem:

einfach

denn das Leben hat immer Recht.

Ich habe Ihnen schon vom Claudiaschlössl erzählt. Autoren haben oft die Tendenz, kein persönliches Wort zu verlieren, damit nur ja alles aus einer möglichst objektiven Sicht glänzt. Das ist nicht meine Haltung, denn Objektivität gibt es nicht. Alles ist stets gefärbt von unseren persönlichen Betrachtungen.

Das Claudiaschlössl ist ein zentrales Projekt in unserem Leben. Jwalas Formen-Sinn und ihre Meisterhand öffneten den (Energie)Raum für einen Kraftplatz, für einen Campus der Begegnung. Grundlage dafür war das vorhin beschriebene Rhizom – das wir Schritt für Schritt umsetzten. Das Rhizom dient uns als Orientierungs-Rahmen.
Unsere Widmung für den Platz war von Beginn an: Einen Ort zu schaffen für die Verbindung von Bewusstsein und Wirtschaft. Daraus hat sich im Laufe der Jahre eine Struktur gebildet. „Go with energy" – folge den Zeichen, sagt Paulo Coelho in seinem Alchimisten. Und genau das haben wir getan. Oft genug widerspenstig und uneinsichtig.
Das Thema Geld hat uns dabei „meisterhaft" begleitet.

Das Thema hat so heftig angeklopft wie eine Krankheit, die dringend nach ZUWENDUNG ruft, um Heilung zu ermöglichen.

Ob Sie aus unseren Schlussfolgerungen zum Thema „Geld" einen Gewinn ziehen können? Ich maße mir nicht an, zu schreiben: „Wenn Sie das tun, was wir Ihnen hier vorschlagen, werden Sie zu Geld kommen." Ich verstehe mich eher als einen Menschen-Bruder, der sein Ringen und seine Einsichten mit Ihnen teilt. In der klaren Absicht, mit Ihnen eine inspirierende Fährte zu legen und – so das Ihr Thema ist – einen Beitrag zu geben, die „Geld-Wunde", die so viele unserer Freunde und Kunden haben – zu heilen.

Die schönste Art zu lernen ist freiwillig zu lernen. Das war – was das Thema Geld betrifft – bei mir nicht der Fall. Ich habe aus einem Leidensdruck heraus gelernt. Jedoch so total, rigoros und hundertprozentig, wie es mir möglich war und ist.

Die erste, mich zutiefst erschreckende Einsicht nach langem Kontemplieren über das Thema Geld war: GELD GIBT ES NICHT.

Das hat mich so verwirrt, dass ich diese unmittelbare Erfahrung nicht in meinen Alltag integrieren konnte. „Geld gibt es nicht" – ich sah es als lebendige Wahrheit in meinem

Bewusstsein abgebildet, doch die täglichen Rechnungen, Einnahmen und Ausgaben schienen mich eines anderen zu belehren.

Ich will hier nicht den Prozess des Forschens zu beschreiben. Es war eine mentale Achterbahn. Es gab Momente, da verankerte sich die Richtigkeit meiner Einsicht in meinem Bewusstsein, doch wollte ich darüber sprechen, ging es mir wie Franz von Assisi, der gesagt haben soll: „Seltsam, kaum bin ich allein, weiß ich, was Zeit ist. Will ich jedoch darüber sprechen, so versagen die Worte."

„Geld gibt es nicht" verdichtete sich in meinem Bewusstsein – doch es dauerte lange, diese Einsicht systemisch zu erfassen, in einen kulturell-kreativen Kontext zu heben und letztlich anwendbar zu machen. Bedeutsame Hilfen waren mir – wie so oft in meinem Leben – meine Lieblings-Lehrer, die Bücher.
Das Ziel meines Forschens war und ist nicht akademische Kenntnis, sondern existentielles Verstehen.

Vor allem:

anwenden

Daher schreibe ich hier nicht über Währungen oder über Geld-Theorien. Sie lesen kein Wort über die Auflösung der Gold-Konvertibilität oder über mögliche Verschwörungen. Auch nicht über Gerechtigkeit oder Ungerechtigkeit, was die Verteilung von Geld betrifft. Ich schreibe auch nicht über mögliche Alternativ-Währungen.

- Absicht und Ausrichtung dieses Kapitels ist, Fähigkeiten zu steigern, was den alltäglichen und praktischen Umgang mit Geld betrifft.
- Absicht und Ausrichtung sind weiters, Sie einzuladen, Ihre Aufmerksamkeit zu lenken. Sie zu ermuntern, Ihre Aufmerksamkeit zu steuern – leicht und bewusst.
- Dieses Kapitel ist stärker strukturiert als andere.

1. Geld gibt es nicht.

Nirgendwo in der Natur gibt es Geld. Daher definiere ich Geld so: „Geld ist ein Produkt unseres Verstandes, bewegt durch das Vertrauen der Menschen in den Wert des Geldes.“ Wer hat schon jemals Geld gesehen oder in der Hand gehabt? Noch niemand! Wir alle haben höchstens ein Stück Papier oder Metall in der Hand gehabt. Auf diesem steht ein Wert, an den wir glauben müssen! Somit gibt es einen – bedeutsamen, wie ich noch beweisen will – Unterschied zwischen „Geld“ und „Banknoten“ oder „Münzen“.

Würde auf dem Papier kein Geldwert stehen, an den Sie glauben müssen, dann wäre es eben kein „Geld“ mehr; und von den € 500,- bliebe höchstens der Papierwert – der Ihnen vielleicht nichts wert ist.

Der Prozess der Geldschöpfung ist ein alchimistischer Prozess. Wohl niemand hat diesen alchimistischen Prozess besser, durchdringender und klarer beschrieben als Johann Wolfgang v. Goethe. Faust, Teil II. In seinem Buch „Geld und Magie“, legt der Schweizer Ökonom Hans Christoph Binswanger eine Jahrhundert-Interpretation von Goethes Meisterwerk vor.

Werfen wir als Erstes einen Blick auf „Alchimie“. Das Wesen der Alchimie besteht darin, aus etwas weniger Wertvollem etwas Wertvolles zu machen. Aus Blei beispielsweise Gold. Doch was könnte in diesem Verständnis alchimistischer sein, als aus einem Stück Papier einen 1000-Dollar-Schein zu machen?

Blicken wir in unserer Zivilisation zurück, so sehen wir ein stetiges „Dünner-Werden“ des Geldes. Es verflüchtigt sich immer mehr. Wird immer mentaler. Historisch ist „Geld“ zuerst durch das MINERALREICH gewandert. Gold war Gold. Dann wurde auf dieses Gold ein Wert geprägt. Dieser geprägte Wert hat sich zunehmend vom Wert des Goldes unterschieden.

Dann wechselte der Ausdruck des Geldes in das PFLANZENREICH. Papiergeld wurde geboren. Derzeit haben wir Münzgeld, Papiergeld, Plastikgeld und virtuelles Geld.

Gigantische Geldströme zirkulieren virtuell um die Welt – jenseits von Waren- oder Dienstleistungen. Seit 1971 auch jenseits einer Deckung durch Gold. Einzig das Wachstum der Wirtschaft deckt unsere Währungen. Allen voran Dollar, Euro, Schweizer Franken, Yen.

Zurück zu Goethe und zur Alchimie. Ich zitiere Binswanger:

„Goethes Faust ist von einer kaum fassbaren Aktualität.
Von allen Dramen, die bisher geschrieben wurden, ist es das modernste.
Es stellt nämlich ein Thema in den Vordergrund, das die heutige Zeit vor allen anderen Themen beherrscht: **Die Faszination, die von der Wirtschaft ausgeht. Ihr Wachstum ist heute zum einzigen verbindlichen Maßstab für die Entwicklung der Menschheit geworden.“**
Und weiter: „Auf der Suche nach dem künstlichen Gold entwickelt sich eine Sucht, die denjenigen, der sich ihr einmal verschrieben hat, nicht mehr loslässt.“

Goethe: „DASS SICH DAS GRÖSSTE WERK VOLLENDE
GENÜGT EIN GEIST FÜR TAUSEND HÄNDE.“

Goethe meint damit den „Geist der Münze“, der wie jeder Geist unsichtbar bleibt und sich nur über den Ausdruck zeigt. Wie sich also der Poltergeist durch Poltern zeigt, so zeigt sich der Geist des Geldes durch das Giral- und Papiergeld. Gleichzeitig bewegt der „Geist des Geldes“ jegliche handelbare Materie. Und da wir möglichst alles kapitalisieren, wurde dieser unsichtbare Geist übermächtig. Wir kapitalisieren unser Wissen, unsere Beziehungen, unseren Grund und Boden, das Wasser und wenn es ginge, auch die Luft.

Unsere Gesellschaft, vor allem jedoch die Wirtschaft, ist systematisch auf Geld ausgerichtet; im Sinne von: hin gerichtet. Was sich nicht rechnet, hat in der Wirtschaft keinen Platz. Alles ist auf Geldwerte hin gerichtet.

Die Absicht dieser kurzen Zusammenfassung ist, in einem ersten Schritt zu verdeutlichen, **Geld ist ein Geist.** Der Geist der Materie. Wie wollen Sie mit einem Geist ringen? Wie wollen Sie gegen einen Geist kämpfen? Wie wollen Sie gegen einen Geist gewinnen? Ein Geist kann sich nur durch seinen Ausdruck zeigen. So zeigt sich der Ausdruck des Geld-Geistes durch das, was durch diesen Geist entsteht. Und es entsteht nicht nur materielle Freiheit, sondern vor allem Fixierung und Gefangenschaft. Eine Art Geiselhaft für Milliarden von Menschen. „Menschen“ ist das Schlüsselwort.

2. Geld ist eine Abstraktion.

Dieser Satz verdeutlicht über einen anderen Zugang nochmals den „Geist der Münze“ oder den „Geist des Geldes“. Nochmals: Das Wesen jeglichen Geistes ist Unsichtbarkeit. Nähern wir uns nun dem Satz „Geld ist eine Abstraktion“ über das Wort „abstrakt“. Das Wort führt uns zu Aristoteles. Dieser hat es begründet. Er wollte damit sagen, „eine Idee aus einem festen Gegenstand herausziehen; abziehen, wegziehen. abstrahieren“. Genau das bedeutet „abstrakt“; eine Idee herausziehen.
Nehmen wir ein Beispiel, um eine Abstraktion zu verdeutlichen:
Ein Tischler formt einen Stuhl. Wunderschön. Nun bewertet er die Idee für diesen Stuhl, das Material, die Arbeitszeit, den Vertrieb, die Steuern, seinen Gewinn … Er zieht also den jeweiligen Wert heraus und überträgt diesen Wert auf Geld.

Übersichtlich in Schritte dargestellt:

- Er zieht die Idee des Stuhls heraus / abstrakt / abstrahieren.
- Er bewertet die Idee.
- Und gibt dieser Idee einen Preis.

Wir sehen: Geld ist eine Abstraktion.
Eine Abstraktion von was? Geld ist eine Abstraktion von Leistung.
Dadurch wird praktisch jede Leistung in Richtung Geld codiert. Hin–gerichtet.

Vielleicht sagen Sie sich jetzt: „Nun gut, das mag interessant sein, doch was habe ich davon?“

Meine Antwort: SIE HABEN VIEL DAVON. Weil Sie verstehen, dass Sie Geld nicht direkt bekommen können. Daher ist es sinnlos – nach Geld zu gieren. Nach Geld sein Leben auszurichten. Es ist unintelligent. Alles andere als kulturell-kreativ. Kulturell-kreativ ist, dieses unsichtbare Muster zu sehen. Aufmerksam. Bewusst. Wach. Diese Matrix zu erkennen und zu benennen.

Gehen wir den nächsten Schritt.

3. Als „normal Sterbliche" bekommen wir Geld nicht direkt, nur indirekt.

Da Geld eine Abstraktion ist, bekommen Sie Geld nicht direkt. Nur indirekt. Es gibt für Sie und mich nur vier reale Möglichkeiten, um FÜR ETWAS Geld zu bekommen.
Diese vier Geld-Felder lauten:

- Produkte
- Dienstleistungen / Service
- Beteiligungen / Know-how (Wissen wie Patente u. Ä.)
- Ideen / Kreativität

Mehr gibt es nicht.
Das sind die vier Felder im Geldspiel.

Wenn Sie also Geld wollen, sind Sie sehr gut beraten, die Aufmerksamkeit von Geld weitestgehend abzuziehen und die dadurch freiwerdende Aufmerksamkeit

- Ihren Produkten,
- Ihren Dienstleitungen,
- Ihrem Wissen und/oder
- Ihrer Kreativität

zu schenken.

Das tun die wenigsten. Die meisten schielen auf Geld und blicken durch die Geldbrille auf ihre Produkte und Dienstleitungen und fragen sich, wie sie zu Geld kommen können. Damit verkaufen sie etwas an einen Geist, anstatt den Gehalt und die Attraktivität in ihren Geld-Feldern zu steigern.

Daher meine Empfehlung:

- Drehen Sie Ihre Aufmerksamkeit.
- Schauen Sie absichts- und liebevoll und intelligent auf Ihre Geld-Felder.

Fragen Sie sich,

- wie Sie den Wert in Ihren Geld-Feldern steigern können.
- Wodurch würde eine Thermik entstehen? Ein Aufwind.
- Was würde alle oder einzelne Teile ihrer Geld-Felder attraktiv machen?

Die herausfordernde Nachricht:
Diese Fragen rufen Antworten.
Und die Antworten Taten.

Wer fragt, kommt um Antworten nicht umhin. DIE ANTWORT IST SCHALL UND RAUCH, EINE IDEE, DIE IM KOPF HÄNGEN BLEIBT. **OHNE TAT.**

Fazit:

Die meisten Menschen wollen Geld. Damit greifen sie im Grunde nach Luft. Denn Geld gibt es nicht. Geld ist ein Geist, der Fürst der Materie; der Geist der Materie. Dieser Geist drückt sich in Geldscheinen aus. Natürlich auch in Buchgeld.
Sie und ich können diesen Geist nicht direkt fassen. Wohl jedoch indirekt.

WIE?

Indem Sie Ihre

- Produkte
- Dienstleistungen / Service
- Beteiligungen / Know-how
- Ideen / Kreativität

AUFWERTEN.

Die kulturell-kreative Geld-Frage …
Wenn Sie die kulturell-kreative Geld-Frage nicht im Kopf lassen, sondern auf die Erde bringen, als Antwort zu den Menschen – erst dann und nur dann konnte ich Ihnen vermitteln, was ich hier darstelle.
Dann bringen wir in einem gewissen Sinn Licht in die Materie.

Die kulturell-kreative Geld-Frage lautet:
„WIE KÖNNEN SIE IHRE GELD-FELDER SO GESTALTEN,
DASS DIESE MENSCHEN DIENEN?“

Wasser

„Das Meer ist der König der hundert Flüsse“ – sagt Lao-tzu. Und wir alle stimmen ein. Denn alle Flüsse fließen dem Meer zu. Wasser verdeutlicht die Essenz des Lebens und ist deshalb auch Lao-tzus Lieblingssymbol für das TAO.

„HÖCHSTE GÜTE IST WIE DAS WASSER“
– SAGTE DER GROSSE WEISE.
„DES WASSERS GÜTE IST, ALLEN WESEN ZU NÜTZEN OHNE STREIT. ES WEILT AN ORTEN, DIE ALLEN MENSCHEN SCHLECHT ERSCHEINEN.“ **LAO-TZU**.

Allen Menschen, das meinte Lao-tzu, scheinen diese Orte **schlecht**, weil sie am niedrigsten sind. Anderen Menschen zu dienen, sagte Lao-tzu vor vielen Tausend Jahren, erscheint den Menschen schlecht. Gleichzeitig fließt alles Wasser dem Niederen zu.
Spüren Sie aus dieser Sicht noch einmal in die zentrale Frage: „Wie können Sie Ihre Geld-Felder so gestalten, dass diese Menschen dienen?“ Ich lasse hier diese Frage los und den Gedanken tanzen. In einer anderen Arbeit will ich im Zusammenhang mit Wasser diesen Punkt noch einmal beleuchten.

Je mehr Sog Sie für Ihre Produkte, Dienstleistungen – zum Wohle von Menschen – auslösen, desto öfter wird Sie der Geist der Materie als Diener besuchen. Das ist die ultimative Wandlung. Die Transformation!

Geld – als Geist der Materie – schafft mit seiner enormen konzentrierten Kraft … was?
Die Antwort lautet: Materie.
Der Geist des Geldes ist somit der Geist der Materie, der diese beherrscht.

Wenn wir dieses Spiel verstehen und – anwenden – dann werden wir zum Meister. Dann beherrschen wir den Geist des Geldes anstatt der Geldgeist uns. In dieser kleinen Differenz liegt ein GROSSER Unterschied.

Fazit:

Wir alle sind sehr gut beraten, wenn wir den Geist der Materie beherrschen. Denn ansonsten beherrscht er uns, macht uns sowohl mental als auch emotional abhängig und fixiert unsere Aufmerksamkeit auf Geld.

„Faust, der sich – obwohl erblindet – am Ziel seiner Wünsche wähnt, glaubt das emsige Schaffen seiner Arbeiter zu hören und ahnt nicht, dass sie sein Grab schaufeln."

Die Lösung jeglichen Geldproblems beginnt damit, sich von der Magie des Geldes zu lösen. Diese De-Indentifikation, dieser innere Abstand ist die Voraussetzung, um jenseits von emotionalen und mentalen Blockaden auf das Situations-Potential zu schauen. Durch diesen befreiten Blick können Sie wahrnehmen, was wirklich ist und sich überlegen, wie Sie Ihre Geld-Felder attraktiv und intelligent – in meiner Sprache kulturell-kreativ – gestalten könnten.
Damit ist nicht gesagt, das möchte ich ausdrücklich betonen, dass Sie zu Geld kommen. Doch befreit von einem mentalen und emotionalen Joch ist die Wahrscheinlichkeit größer, dass Sie der Ideen-Gott küsst und Ihnen etwas einfällt. Sie inspiriert in des Wortes schönem Sinn. Eine Haltung ENTSPANNTER EMPFÄNGLICHKEIT ist jedenfalls förderlicher als Druck und Stress. Entspannung auf körperlicher Ebene lässt sich kultivieren.

Wenn kein Geld im Haus ist – ist das ohnehin schlimm genug. Wenn dazu auch noch die mentale und emotionale Last kommen, kann das Leben zur Hölle werden. Himmel, Erde und Hölle sind Bewusstseins-Zustände.
Es ist wie Schmerz und Leid. Schmerz ist körperlich. Schmerz lässt sich oft nicht vermeiden. Der Körper ist krank. Und schmerzt. LEID IST EINE MENTALE KREATION. Diese muss nicht sein. Schmerz allein ist schon genug.

Noch ein Wort zum Zins:
Der Zins ist der Preis für das Leihen oder Verleihen von Geldscheinen (oder von Giralgeld).

ZINS MACHT GELD ZUR WARE.

Die etymologische Bedeutung des Wortes Zins ist:

„Das künstlich Hinzugegebene. Das Hinzugeborene."

Experten behaupten, 70 Prozent des Preises macht der Zins im Durchschnitt aus. Somit geht der größte Teil unserer Arbeitskraft in den Zins, in das künstlich Hinzugegebene.

Kulturell-kreative, förderliche Fragen und Gedanken:

- Aller Wohlstand beginnt mit einer Idee.
- Wie lautet die tragende Idee Ihres Geschäftes?
- Wie können Sie diese Idee so attraktiv wie möglich kommunizieren, inszenieren und darstellen? Informativ und exformativ. Rhizomatisch.

- Wie könnten Sie das Potential Ihrer Situation deutlicher erkennen und ausdrücken?
- Was würde Ihre Geld-Felder attraktiver machen? Anziehender?
- Arbeiten Sie mit Attraktoren. Attraktoren versklaven Aufmerksamkeit. Was ist im Zusammenhang mit Ihren Geld-Feldern attraktiv?

- „All things are created twice" – wir kreieren alles doppelt. Einmal als Idee in unserem Denkraum, dann als physische Realität. Bitte verwechseln Sie nicht die Ebenen.
- Worauf wollen Sie Ihre Aufmerksamkeit lenken – und woraus wollen Sie Ihre Aufmerksamkeit befreien? Was würde Sie dabei im Alltag unterstützen? Tun Sie das. Setzen Sie das möglichst konkret um. Möglichst im Verbund mit anderen.

- Geld hat keine eigene Intelligenz. Geld hat auch keine „Augen" oder „Ohren". Ihre Geldscheine folgen „blind" Ihren Anweisungen.
- Auch der Geist des Geldes hat aus sich heraus keine Macht über Sie. Diese Macht bekommt er nur durch Sie. Sie geben ihm die Macht.

- Geld verlangt nach Aufmerksamkeit für Geld.
- Nach neutraler, ungebundener, offener Aufmerksamkeit.

Freie Aufmerksamkeit, jenseits von Gier, jenseits von Widerstand, jenseits von Fixierungen.

Einfach pure, klare, neutrale Aufmerksamkeit. „Aha – das ist zu tun. Das bietet sich an.“ Wenn innerer Druck entsteht – dann sehen Sie es. Nehmen Sie es wahr. Seien Sie sich dessen einfach bewusst. Das genügt. Mehr ist nicht zu tun. Weniger auch nicht.

EIN KULTURELL-KREATIVER MENSCH WIRD SEINE **INNEREN RESSOURCEN** AUCH FÜR SEINE ÖKONOMISCHEN ZIELE NUTZEN.

Ein wesentlicher Punkt dabei ist, auch sein Denken zu ordnen und bewusst Gedanken und Überzeugungen einzuladen; bewusst förderliche Gedanken zu vermehren. Ausdruck von Freiheit ist, die eigene Aufmerksamkeit neutral und ungebunden lenken zu können.

Die einfachste Regel in Zusammenhang mit Geld ist diese:
Geben Sie nie mehr Geld aus – als Sie einnehmen.

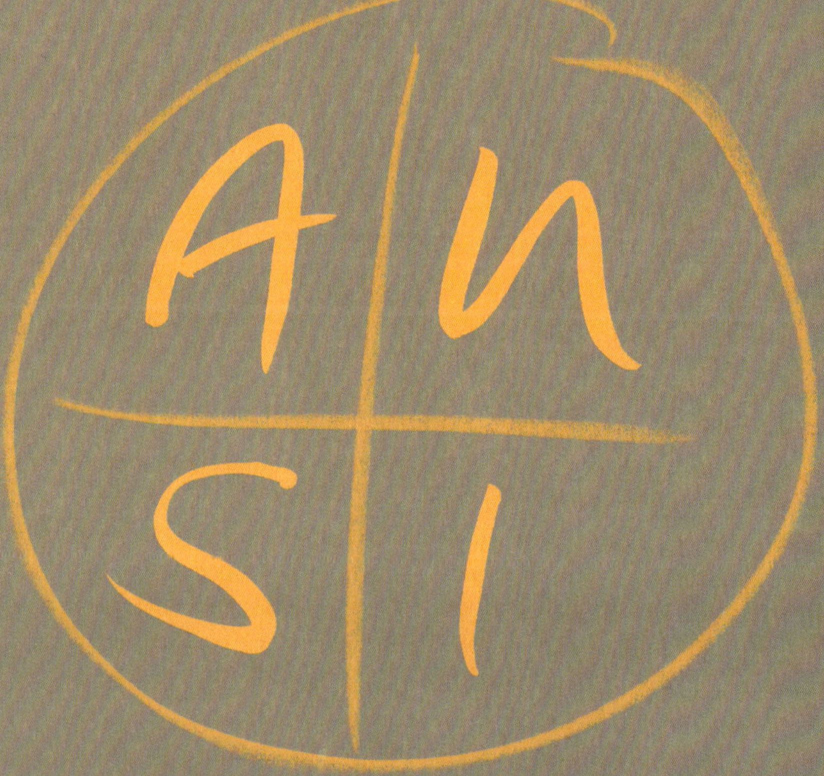

DER CASH-QUADRANT

DER CASH-QUADRANT.

Die ursprüngliche Idee zu diesem Cash-Quadranten stammt von Robert T. Kiyosaki, „Forever rich". Kiyosaki ist US-Amerikaner, Multimillionär und ein erfolgreicher internationaler Geld-Trainer.

Unsere inneren Bilder prägen unser Handeln. Unser Handeln folgt unseren inneren Bildern. Wir orientieren uns an unseren Konzepten. Daher sind diese Bilder für uns so wichtig. Und so mächtig. Es fällt uns kollektiv sehr schwer, die Aufmerksamkeit bei dem zu lassen, was vor uns liegt. Es ist schwierig für uns Menschen des 21. Jahrhunderts, mit der Situation in der Gegenwart mitzufließen. Wir sind darin nicht geübt. Wir gehen in den Kopf. Automatisch. Suchen dort nach Lösungen – anstatt nach unten zu schauen, auf die Situation vor uns. Auf das Reale.
Und aus dem heraus sich eine Lösung in unserem Bewusstsein abbilden zu lassen.

Der Sinn dieses Cash-Quadranten ist, Ihnen bewusst zu machen, in welcher Rolle Sie sind. Durch dieses Erkennen könnte in Ihnen der Wunsch entstehen, evt. auch noch andere Felder des Cash-Quadranten zu besetzen oder Felder zu wechseln.

DER CASH-QUADRANT IST EIN STARKES BILD.

Angestellter
Selbstständiger
Unternehmer
Investor

Der Cash-Quadrant zeigt, aus welcher Identität – aus welcher Rolle heraus – Sie Ihre Euros verdienen. Vier ist die Zahl der Materie. Und mehr als vier Grund-Identitäten gibt es nicht.

Selbstverständlich können Sie mehrere Positionen des Quadranten gleichzeitig „besetzen"; ähnlich wie Sie mehrere Bereiche Ihrer Geld-Felder bedienen können. So kann beispielsweise ein Angestellter in Aktien oder Fonds investieren. Oder ein Unternehmer bezieht gleichzeitig Einkünfte aus einer selbstständigen Tätigkeit. Je bewusster Ihnen Ihre Rolle ist, desto befreiter sind Sie. Sie schlüpfen sozusagen freiwillig in die jeweilige Rolle, in die „tönerne Maske".

Hier das Verhältnis der einzelnen Rollen (Identitäten) zu den Einkommensquellen:

A – hier Arbeit – da Geld.

S – der S macht sein Ding. Allein oder mit Mitarbeitern. Der Fokus liegt auf seinem Produkt/seiner Dienstleistung. Der S arbeitet IN seinem Unternehmen. Je erfolgreicher er oder sie ist, desto weniger freie Zeit und desto mehr Stress. Meist. Gleichzeitig steigt die Freude am Ausdruck. Authentizität wächst. Ein kk-S legt Liebe in seine Geld-Felder. Lädt die Kraft der Sorgfalt ein und widmet seine Arbeit anderen – und sich selbst.

DER UNTERSCHIED ZWISCHEN **S** UND **U** IST FUNDAMENTAL.

U – der U ist auf der anderen Seite des Quadranten. Der U arbeitet AN seinem Unternehmen. Am System seines Unternehmens. Der Fokus liegt auf dem System.
Der U achtet darauf, dass er verantwortlich, jedoch nicht zuständig ist.
Der Unterschied zwischen verantwortlich und zuständig erschließt sich manchmal nicht sofort. Der Steuerberater mag zuständig für die Buchhaltung sein, verantwortlich im Sinne des Gesetzes ist der Unternehmer. Es lohnt sich, zwischen „verantwortlich" und „zuständig" zu unterscheiden.

Der U ist verantwortlich. Dadurch kann er sich aus dem Tagesgeschäft befreien und die so wertvolle Arbeit der Steuerung und der Koordination leisten. Die Aufgabe des U ist u. a., Zukunftspotentiale zu erkennen. Auch Netzwerke, Synergien und strategische Allianzen zu fördern. Ein kulturell-kreativer Unternehmer hat die Augen sowohl auf das Modell als auch auf das Potential der Situation gerichtet. Auch ein Einzelner kann U sein. Denken Sie an Franchising, an Multi-Level-Marketing, an Lizenz-Geschäfte oder an kulturell-kreatives Entrepreneurship. (www.entrepreneurs.at)

I – Investitionen des Investors bringen Renditen oder Verluste.

KIYOSAKI BIETET EINEN INTERESSANTEN TEST AN:

„Sind Sie ein echter Unternehmer?"

„Sie sind dann ein echter Unternehmer" – sagt Kiyosaki – „wenn Sie die folgende Frage mit JA beantworten können."

„Können Sie ein Jahr von Ihrem Geschäft abwesend sein und es nach Ihrer Rückkehr profitabler und besser funktionierend vorfinden als zu dem Zeitpunkt, als Sie es verlassen haben?"

◯ JA ◯ NEIN

Sie können die Zeit auch um Monate reduzieren oder erweitern.

90 Prozent aller Betriebe in der EU haben zehn oder weniger Mitarbeiter. Diese 90 Prozent bieten 70 Prozent aller EU-Arbeitnehmer einen Arbeitsplatz. Sie sehen, die Betriebe über zehn Mitarbeiter füllen nur 30 Prozent aller Arbeitsstellen.

Es mag Sie interessieren, dass nur 3 Prozent aller Klein- und Mittelbetriebe mit einem schriftlich festgelegten System arbeiten. Zum Beispiel mit einem bestimmten Management-System. Oder mit öffentlich im Betrieb zugänglichen mind-maps – die zeigen, wohin die Reise gehen soll. Oder mit einem computerunterstützten Situationspotential, das den Fluss der Dinge visualisiert und dadurch Handlungen leichter in die gewünschte Richtung lenkt.

Diese 3 Prozent machen eine im Durchschnitt um 50 Prozent höhere Rendite als der jeweilige Branchendurchschnitt. (Quelle: Institut für Unternehmensforschung, Bayreuth).

Bilder steuern unser Handeln.

- Daher ist es wichtig, zunächst in sich einen Referenzraum (einen Raum der Erfahrung in uns) zu schaffen, um die Aufmerksamkeit von Geld-Fixierungen zu befreien.
- Erst die Erfahrung holt die Idee in den persönlichen Referenzraum. Sonst leben wir in Vorstellungen. Die Erfahrung der Drehung der Aufmerksamkeit wird etwas bewirken.
- Der nächste Schritt wird sein, sich wirklich der Frage hinzugeben, welcher der vier Bereiche in den Geld-Feldern aufgeladen werden möchte. Vielleicht ist es auch ein Mix? Oder alle?
- Danach könnte die Frage der Kommunikation einen besonderen Stellenwert bekommen.
- Möglicherweise wäre es klug, Handlungsrhythmen und Zyklen zu ankern.

Vier erprobte Schritte, wie ein Gedanke Form annimmt:

1) Seien Sie sich bewusst, was Sie möchten. Blicken Sie dabei auf die gegenwärtige Situation. Potentiell ist alles vorhanden. Das ist das Herzstück.

2) Schaffen Sie eine Struktur. Eine Struktur, in die sich das Gewünschte manifestieren kann.

3) Erzeugen Sie einen sozialen Sound. Finden Sie Mitspieler. Die Zeit der Einzelanstrengung ist vorbei. Zukunftsprojekte gelingen durch ein gelebtes Miteinander, das Individualität UND Gemeinschaftssinn zu einem Neuen Dritten verbindet.

4) Erden Sie Ihren Traum. Die Vision zu halten UND die Situation zu sehen UND zu handeln sind die drei Schlüsselkomponenten, damit sich Träume erfolgreich in die Wirklichkeit hineinweben können. Die geheimen Zutaten dabei sind Spaß und Dankbarkeit. Es muss Ihnen Vergnügen bereiten und ein Gefühl des Erfolges wird Sie begleiten.
   Wenn andere diese Aspekte sehen, werden sie mitmachen wollen. Werden sich beteiligen wollen am „Wettspiel der Ideen“ und werden dieses Wettspiel kreativ bereichern. Und Ihre Welle wird vom Shift zum Drift. Sie reiten auf Ihrer Welle und lachen zu den anderen und erfreuen sich an deren Kreationen.

Ist das eine Fantasie?

Es mag sein – doch wer sagt denn, dass es nicht so kommen könnte?
Wer sagt denn, dass dieser Garten Erde nicht frisch erblühen kann?
Warum sollten Menschen einander nicht als Menschen erkennen?

* Dieses Kapitel ist inspiriert von einem erstaunlichen Buch. Weniger als 70 Seiten. Geschrieben 2003. Von Manfred Hess, Professor und Karmaforscher. „Die fünf Sterne des Merlin – Fünf Unterweisungen, um Harmonie und Wohlstand zu mehren und Angst und Mangel aus dem Leben zu bannen." In einer höchst eigenwilligen Sprache. Kein anderes Buch habe ich öfter gelesen als dieses. So oft, bis sich das darin enthaltene Geheimnis in meinem Leben zeigte. Es ist nicht über den Buchhandel erhältlich, sondern über Book-on-demand bei www.sterndruck.at.

Das Wort „Geld" kommt von gelten. Früher mit dt geschrieben. Also Geldt. „Was gelten meine Leistungen?" Daraus ersehen wir, dass jeder Einzelne seine Leistungen als das, was sie gelten sollen, beziffern kann. Natürlich in einem Kontext aus Angebot und Nachfrage. Und es mag bezeichnend sein, dass sowohl Jesus als auch Mohammed das Zinsgeldsystem radikal ablehnten. Jesus vertrieb die Geldwechsler mit Peitschenhieben und in der arabischen Welt ist es den muslimischen Banken bis auf den heutigen Tag untersagt, Zinsen zu nehmen. Die Banken beteiligen sich dort an Unternehmen.

Wem soll unsere Wirtschaft dienen?

Dem „Shareholder" oder dem „Stakeholder"?

„Shareholder value" stellt den Geldwert ins Zentrum. Die Steigerung des Geldwertes ist das Maß aller Handlungen.
Die dominierende Ausrichtung.

In einem Wettspiel der Ideen sei dem ein „Stakeholder value" gegenübergestellt. (Stake = Anteil).
Alle Gruppen, die an einem Unternehmen Anteil nehmen, werden erfasst. Also auch die Mitarbeiter, Kunden, Lieferanten, Berater, das soziale Umfeld, der Markt als großer Raum, in dem sich der kleinere Raum eines Unternehmens bewegt. Natürlich auch die Kapital-Eigner, Verbände, Fiskus, Öffentlichkeit, Medien ...
Sie sehen: integrativ. Kulturell-Kreativ.

„Stakeholder value" ist nachhaltig.
Nachhaltig operierende Unternehmen werden immer interessanter, punkten im Wettbewerb, können sich besser positionieren, legen die Basis für ihre „corporate reputation". Mit Vertrauen und Reputation sind erfreulicherweise auch konkrete wirtschaftliche Vorteile verknüpft wie besseres Rating bei Banken, höhere Kreditwürdigkeit, leichterer Zugang zu Fremdkapital, oftmals auch günstigere Versicherungsprämien. Nachhaltigkeit nutzt Unternehmen.
Und Kulturell-Kreative begreifen die Erde als Lebewesen, als „Gaia". Dies ist eine nachhaltige Beziehung. Langfristig angelegt. Es gibt uns schließlich schon ein paar Jahrtausende ...

KOMM ZURÜCK IN DEINEN KÖRPER

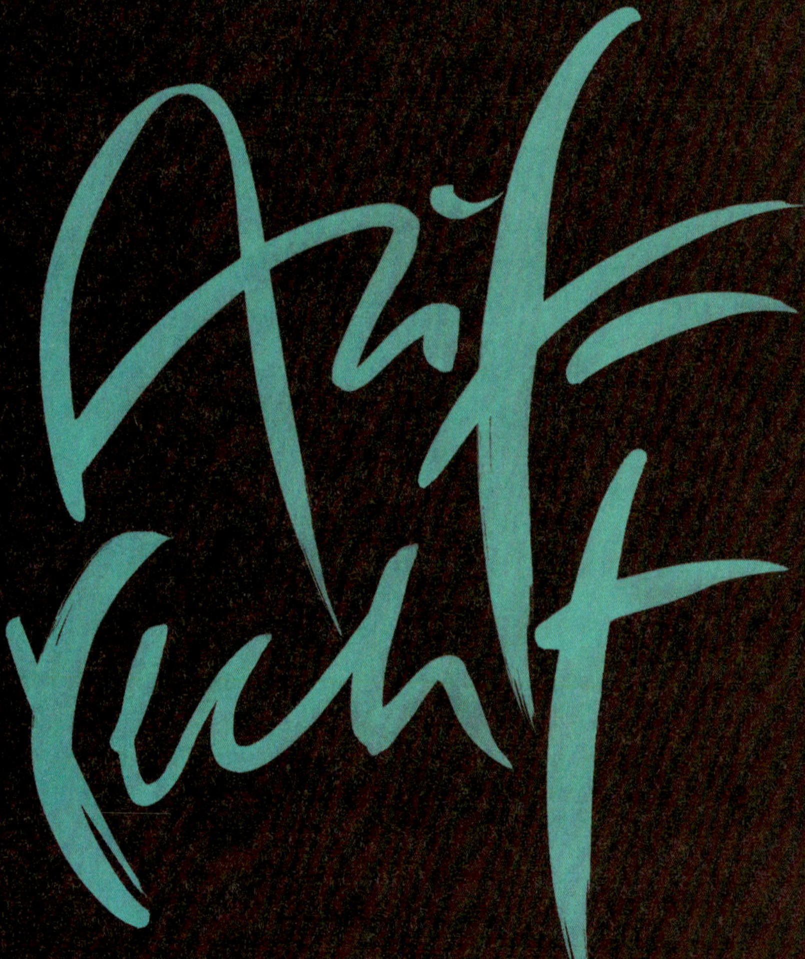
Auf Recht

WENN DU ES NICHT IN DEINEM KÖRPER FINDEST,
WOHIN WILLST DU DANN GEHEN,
UM ES ZU SUCHEN?

(UPANISHADEN)

KOMM ZURÜCK IN DEINEN KÖRPER
HIER ENTHÜLLT SICH DAS MYSTERIUM.

Die Menschen verändern sich nicht. Das gilt es zu sehen. Klar. Rigoros. Die Menschen verändern sich nicht wirklich. Auch die Wirtschaft ist seit Jahrhunderten gleich. Auch die Politik.

Die Formen ändern sich. Die Methoden. Die Technik. Jedoch nicht die Themen. Worin unterscheidet sich die Gier des Mittelalters von der Gier des 21. Jahrhunderts? Was war an der Wirtschaft vor 1.000 Jahren so anders als heute?

Bitte lassen Sie diesen Gedanken einen Moment sinken. Halten Sie inne.
NUR EINEN AUGENBLICK.

Natürlich hat sich das gesamte Warenspiel, die Architektur, der Verkehr – die Formen – verändert. Doch tiefer, darunter? Haben sich die Kern-Themen der Menschen verändert? Das Leid? Die Liebe? Der Hass? Der Krieg? Der Frieden? Die Hoffnung? Die Sehnsucht? Die Frage des Sinns? Das Herz für die Kinder?

Die Oberfläche hat sich verändert, die Darstellung, die Zahl der Menschen – doch nicht die globale Hypnose. Wir leben in einer kollektiven Trance – aus der wir zu erwachen beginnen. Und zwar so stark und in einem solchen Ausmaß, dass uns der nächste Sprung der

Evolution auf eine komplexere Ebene führen könnte. Wir steuern als Menschheit auf einen Bifurcationspunkt zu. Dieser ist nah. Wie nah weiß niemand. „Denn ein Jahrhundert ist" – wie uns die indianische Philosophie lehrt – „nicht mehr als ein Zwinkern im Auge Gottes."

DIE FRAGE DER VERÄNDERUNG IST EINE FRAGE DER STRATEGIE.

Es ist eine Frage der Steuerung der Aufmerksamkeit. Wir denken, (!) eine globale Veränderung geschehe durch eine Veränderung der Einsicht. Wir glauben, Verstehen sei es, das zu einem veränderten Verhalten führe. Wir leben kollektiv und weltweit in dieser Trance. Und sehen nicht, dass über Jahrtausende keine Philosophie und kein System entstand, das uns Frieden – und ich meine damit Seelenfrieden – brachte; ein „Zufrieden-Sein".

Wir haben längst verstanden.

Wir wissen über gesunde Ernährung, über schadstofffreie Luft, über die Wiederaufforstung der Wälder, über die Reinigung des Wassers, über dynamisch-organische Kreisläufe in der Landwirtschaft. Wir wissen, dass ein Zinsnachlass insbesondere an die Dritte und Vierte Welt unabdingbar ist und

… wir wissen!

DER MENSCH zeigt sich der Welt als ein verängstigtes, zeitgebundenes Wesen, das sich im Laufe der Jahrhunderte immer noch subtiler, immer noch grausamer, immer noch wirksamer und effizienter bekämpfte und bekämpft. Sich selbst. Die Natur. Und das sich letztlich in die Welt mentaler Konzepte verlor …

Wir haben uns in einem subtilen Prozess von der Erde und von unserem Körper entfernt. Erinnern Sie sich an den Hinweis auf 1876? Der Wecker hat uns unbewusst mehr in den Kopf gelockt. Ich vertraue heute mehr meiner Uhr, wenn ich wissen will, wie spät es ist, als meinem Blick auf das Firmament. Und Sie wohl auch.
Es geht hier natürlich nicht um Wertung – sondern um das Sichtbarmachen eines Prozesses, einer Bewegung hin in den mentalen Raum. Und diese Hinbewegung nahm und nimmt an

Geschwindigkeit zu. Es entstand ein **rationales Bewusstsein.** Descartes und Bacon seien als Wegweiser hier exemplarisch genannt. Was wissenschaftlich aus modernistischer Sicht nicht erklärt werden kann, wird ausgeblendet, verleugnet, verunglimpft oder so verzerrt, dass es letztlich wieder in das mentale Schema passt. Oder etwas bleibt eine Randerscheinung – die sich kurzfristig irgendwo behauptet und wieder verschwindet.

WENN WIR DEN BLICK DURCH DIE ZEITEN AUS DIESER SICHT BETRACHTEN, SO SEHEN WIR DIE VERDÜNNUNG. WIE BEIM GELD, DAS SICH AUS DEM MINERALREICH IN DAS PFLANZENREICH UND HEUTE IN DEN MENTALEN, FIKTIVEN RAUM DES VIRTUELLEN GELDES BEWEGTE – SO HAT SICH DIE MENSCHHEIT IN IHRER GESAMTHEIT VOM KÖRPER WEG IN DEN MENTALEN **KONZEPT-RAUM** BEWEGT.

Das Bild einer nackten Frau ist für viele erregender als eine nackte Frau selbst. Wir leben in Fantasien. Kollektiv. Es ist – das sei nochmals gesagt – eine kollektive Trance. Diese kollektive Trance hat das rationale Bewusstsein in ein hyperrationales Bewusstsein geschossen. Und dort löst es in unserem Kopf einen Hurrikan aus. Einen gigantischen Wirbelsturm. Eine mentale Katastrophe. Die Geschwindigkeit in unserem Kopf ist so rasant wie die Flut der Informationen, die wie zuckende Blitze über den Globus rasen.

Kein Mensch kann in einem Hurrikan leben. Das zerstört uns selbst. So ist neben der Welle des rationalen und hyperrationalen Bewusstseins eine andere Bewegung entstanden. Eine Bewegung, die diese Trennung von Erde und Körper, von Seele und Geist hinein in den Verstand als kontraproduktiv sah und sieht.
Das ist kein linearer, sich exakt abzeichnender Prozess. Ich spreche von einer Matrix, von einem Gewebe. Von großen Strömungen. Es braucht einen weichen Blick, der Unschärfe im Detail zulässt, um das große Ganze zu sehen. Diese Bewegung heißt **kulturell-kreativ**.

Heute sind in der Ersten Welt etwa zwei Drittel der Menschen einem rationalen oder hyperrationalen Bewusstsein verpflichtet. Diese Menschen glauben an einen technischen Rationalismus. Einfacher gesagt an Überzeugungsmuster wie: „Wir werden die Sache schon schaukeln." „Eine technische Lösung wird sich finden." „Wir machen das schon irgendwie – wenn die Zeit gekommen ist."

Diese Menschen blicken auf die Welt durch die Brille ihrer Konzepte und Ideen, die objektiv genannt wird. Die Werteforschung, auf die ich später eingehe, nennt diese Menschen „Traditionalisten" und „Modernisten".

Diese Sicht auf wenige Sätze verdichtet:

- Die Aufmerksamkeit ist auf die Materie gerichtet. Der Sinn liegt im materiellen Nutzen. Die Umstände sind so gestrickt, dass dieser materielle Nutzen schnell erfolgen muss. Denn nur schnelle Erfolge lassen sich kapitalisieren.
- Dadurch entstehen verengte Zwangs-Situationen, die einem längeren Atem keinen Handlungsspielraum geben.
- Nicht Nachhaltigkeit – sondern Geld ist der Motor dieser Wirtschaft. Das Seelisch-Geistige wird zwar anerkannt, jedoch aus ökonomischen Prozessen ferngehalten.

Ich höre die Manager sagen: „Wir würden ja – jedoch die Umstände verbieten es." Und: „Ich bin Realist." Und sie verstehen gerade dadurch nicht, dass sie Utopisten sind. Denn wir leben in einem Körper und nicht im Verstand. Wenn wir uns in den Verstand flüchten, verlieren wir uns. Und unseren Körper. Und unsere Erde.

WIR HABEN EINEN VERSTAND.
DOCH WIR SIND NICHT UNSER VERSTAND. Ideen sind wichtig, wertvoll – was immer sie wollen. Jedoch nur in dem Ausmaß, wie sie dem Wesen des Menschen nützen. Und das Wesen des Menschen bildet sich aus dem Körper, der Seele und dem Geist.

Diese modernistische Wirtschaft ist extrem erfolglos. Wir haben derzeit eine gigantische Arbeitslosigkeit, jeder zweite Deutsche hat innerlich gekündigt, jeder vierte leidet unter Depressionen. In den USA ist die Sache noch dramatischer. 75 Prozent haben dort innerlich gekündigt. Nur die materielle Überlebens-Angst hält das Rad am Laufen. Und so dienen wir dieser Wirtschaft anstatt dass die Wirtschaft uns dient.
Das wäre höchst erfreulich.

Ich glaube nicht, dass es da irgendeinen Bösewicht gibt, der uns alle hypnotisiert.
Ich kann diesen Verschwörungs-Theorien keinen Glauben schenken.
Doch vielleicht bin ich zu einfach gestrickt?

Meiner Ansicht nach haben wir uns kollektiv verrannt. Die Traditionalisten, die Modernisten und auch viele Kulturell-Kreative. Alle miteinander suchen wir das Heil und damit die Heilung in der Welt der Ideen. Dort mag sie liegen – doch anders als die meisten denken.

DIE FRAGE DER VERÄNDERUNG IST EINE FRAGE DER STRATEGIE.

Wir haben die falsche Strategie.

Wir setzen strategisch bei den Ideen an. Das ist zwar richtig; doch greift zu kurz. Denn die Idee ist wie ein Wasserstrahl, der mit Hochdruck aus einem Feuerwehrschlauch schießt.
Dieses Wasser wird einen Verdurstenden, der davor steht, nicht retten.
Er sieht es – aber er kann es nicht nützen.

Daher geht es darum, die Seele in den Körper zu laden. Die Seele mit den Muskeln, den Knochen, dem Mark, mit der Haut, dem Herzen, der Lunge … zu fühlen.

IN DEN KÖRPER ZU ATMEN – DAS IST DER WEG.

Und diesen Weg gilt es zu gehen.
Sonst bleibt es ein abstrakter Weg. Einer von Tausenden, den wir nicht gehen. Von dem wir nur wissen. Über den wir nur reden. Auf den wir andere hinweisen.

„Wobei die Seele“ – wie Michael Plesse und Gabrielle St. Clair, ein international anerkanntes Trainerpaar, schreiben – „keine ‚sphärische Entität‘ und kein feinstoffliches Objekt unserer Wahrnehmung ist, das wir dinghaft machen könnten. In unserem Verständnis ist die Seele eher wie eine Metapher zu verstehen, als ein Verweis auf etwas, als ein Fingerzeig. Der Begriff ‚Seele' verweist auf etwas, was wir direkt erleben können. Dieses direkte Erleben können wir mit Fragen verbinden, die lauten könnten:

- Wie ist die Erfahrung meines So-Seins?
- Was ist der Geschmack meiner Einzigartigkeit?“

Ich schließe mich dem voll und leidenschaftlich an und füge dem schwierigen Unterfangen, die Seele als Essenz des menschlichen Wesens zu beschreiben, hinzu: Die Seele ist eine Frequenz; eine multidimensionale Verdichtung zwischen reinem Geist und Materie. Wie sich im „Rhizom“ die Kräfte sammeln – so symbolisiert das Wort „Seele“ die Essenz, das Potential. Das Potential wird erst durch den Ausdruck sichtbar. Das Potential beispielsweise unseres Autos erleben wir erst, wenn wir damit fahren.
Oder nehmen wir eine Wasserfläche – beispielsweise am Meer. Wir schauen hinaus in die Weiten und sehen, wie sich Nuancen im Wasser bilden. Strömungen. Nuancierte Farbflächen. Wie große Cluster, die durchdrungen sind vom Wasser des Meeres und eine Art Individualität im Ganzen erahnen lassen. Keine Trennung weit und breit und doch …

„DER KÖRPER IST DIE SICHTBARE SEELE UND DIE SEELE IST DER UNSICHTBARE KÖRPER“ – Osho „Body-Mind-Balancing“.
Eine wundervolle Analogie. Ein großartiger Fingerzeig. Das eine bedingt das andere, das eine bringt das andere hervor und umgekehrt. Seele, Körper, Geist.

Alles
ist
eins

Wer die Seele in den Körper holt als bewusste Einladung – einfach durch Offen-Sein oder über den Atem oder durch Körperübungen – erfährt SEELENFRIEDEN. **STILLE.**
In all den Turbulenzen des Alltags, in all den Stürmen der Herausforderung, in all den Niederlagen und Siegen, die wir erleben, bleibt das der Grundgeschmack.
Der Ton unseres Seins, das ein Werden ist.

Wenn wir das nicht nur verstehen, sondern UMSETZEN, zu unserem segensreichen Erleben machen, dann erblüht jenes integrative Bewusstsein, von dem die kulturell-kreative Szene träumt. Dann enthüllt sich – aus sich heraus – diese Einheit aus Körper, Seele und Geist.

DIE WIRKUNG GESCHIEHT. KEIN TUN WEIT UND BREIT.

Wir lassen uns von der Veränderung verändern.
Not-wendig ist ein Zulassen. Ein Sich-Öffnen für diese essentielle Kraft, die unsere Heimat ist und die allgegenwärtig nah sich zeigt. Als Essenz unseres menschlichen Wesens.

Wenn wir die Idee der Öffnung in uns, das Herunterfallen aus dem Raum des Verstandes in den Reflektor des Körpers zulassen, erfahren wir Seelen-Qualität. Dann ist unser Handeln beseelt. Ein integratives Bewusstsein ist lebendige Wirklichkeit, erlöst sich aus dem Raum einer romantischen Idealisierung.
Keine Fantasie wird die Erde gestalten – sondern gelebtes Verständnis.
Und dieses gelebte Verständnis ist kreativ. Intuitiv.
Inspirierend. Ist verankert im Jetzt und gerichtet auf das
Werden des Morgen.
Es ist eine „Morgenlandfahrt"* in des Wortes kraftvollstem Sinn.

Daher biete ich im „Wettspiel der Ideen" diesen Slogan an:
„Komm zurück in deinen Körper."

KOMM ZURÜCK IN DEINEN KÖRPER.
UND DU ERKENNST IM ANDEREN DEN MENSCHEN.
WEIL DU IHN SIEHST.
NICHT ALS IDEE, SONDERN ALS LEBENDIGE SCHÖNHEIT
DIREKT VOR DEINEN AUGEN.

„Der Körper ist die sichtbare Seele
und die Seele ist der unsichtbare Körper.“
Osho

„Die Morgenlandfahrt“ – Hermann Hesse, 1931 – ist ein Werk von „poetischem Zauber“ und einem „eigenartig faszinierenden Reiz“. Der Gedanke des Niederen steht im Mittelpunkt und beleuchtet das im Kapitel „Geld“ berührte Thema („Höchste Güte ist wie das Wasser. Es weilt an Orten, die allen Menschen schlecht erscheinen.“ Lao-tzu) nochmals von einer anderen Seite.

Aus einer kulturell-kreativen Sicht ist das Niedere die menschliche Würde, das Höhere der gesellschaftliche Status. Modernisten wollen immer hoch hinaus. Seit Menschengedenken. „Wir sind die Sieger. Und siegen kann nur einer – wir!“ Gewinnen können hingegen alle.

Eine kulturell-kreative Welt folgt dem „Lauf des Wassers“ und damit der Evolution und auch dem Leichten. Das Wasser fließt bergab. Geh mit der Energie. „Das Meer ist der König der hundert Flüsse.“ Das bedeutet konkret, dass die Menschen eine Arbeit TUN (sollten), die ihr wahres Selbst widerspiegelt. Das heißt handeln im Einklang mit seinem Wesen. (Das Schlüsselwort ist TUN, nicht davon träumen.) Authentische Arbeit – anstatt Gelderwerb um jeden Preis – ist eine der Schlüssel-Strategien für die Märkte der gegenwärtigen Zukunft.

** Wellness ist im Verglühen. Gleichzeitig hat dieser Trend ein riesiges Tor geöffnet. Einen Boden bereitet, der fruchtbar und großartig ist. Eine unternehmerische Pionierleistung aller, die sich daran beteiligten und beteiligen. Der Arbeitnehmer, der Selbstständigen, der Unternehmer und der Investoren.

Um diese gesamte Welt aufzuladen, ist ein winziger Shift not-wendig. Der Shift vom Horizontalen zum Vertikalen; also vom Waagrechten zum Senkrechten. Es geht NICHT länger darum, Wellness zu verstehen. Das ist geschehen. Diese horizontale Bewegung ist getan.

Es geht darum, Wellness sinken zu lassen. In den Körper hinein. In die Zellen hinein.
Und nichts tut dem Körper besser, als Seele zu fühlen. Als Essenz zu spüren. Als in diesem „So-Sein“ zu sein. In diesem Seelenwasser zu gleiten.
Und nichts wünscht sich die Seele so sehr, als im Körper zu sein.

KULTURELL-KREATIV.
DIE GROSSE SEHNSUCHT

das leben
ruft
mich.

IM HINBEWEGEN AUF EINE ANTWORT ZUR KULTURELL-KREATIVEN SZENE ÖFFNET SICH EIN FÄCHER VON FRAGEN.

WIE LÄSST SICH EIN BEWUSSTSEINSZUSTAND DARSTELLEN?
WIE KANN SICH ÜBER SPRACHE DER GESCHMACK EINES INNEREN ERLEBENS MITTEILEN?
WIE LÄSST SICH ETWAS ERSCHLIESSEN, DAS EINEN INNEREN REFERENZPUNKT BRAUCHT –
UM ALS ERFAHRUNG DEUTLICH ZU WERDEN?

Und warum sprechen wir abwechselnd von Bewusstseinszuständen und dann wieder von einem Werte-Wechsel?

Weil Werte und Überzeugungen unser Bewusstsein strukturieren. Bitte stellen Sie sich die Oberfläche eines zauberhaft gelegenen Bergsees vor. Still ruht das Wasser in sich. Da ziehen plötzlich Wolken auf und Regen fällt. Die Oberfläche des Sees zeichnet die fallenden Tropfen nach. Die Struktur der Oberfläche hat sich deutlich verändert. Sie können das klar sehen? Ähnlich ist es mit unserem Bewusstsein. Werte und Überzeugungen verändern die Struktur unseres Bewusstseins. Und in der weiteren Folge unser Handeln. Denn das, was uns wertvoll erscheint, ist auch für uns erstrebenswert. Folglich wird sich unser Leben entlang unserer Werte bewegen. Wechseln diese Werte, entstehen andere Bezüge und manches bekommt einen neuen Stellenwert.

Wir leben in einem deutlichen Werte-Wechsel.
Es ist ein neuer Kontinent entstanden. Groß, mächtig, pulsierend. Ein Kontinent, der sich in einem dynamischen Wachstum befindet und sich prozesshaft dabei verändert. Labyrinthisch und multidimensional. Organisch und sichtbar unsichtbar. Ein Kontinent, der Menschen anzieht – und zwar immer schneller immer mehr. Und doch keinen Staat hat.
Ein Kontinent ohne Regeln, ohne einen Sprecher, ohne Dogmen und doch einem Gedanken verpflichtet: Dem Vertrauen einer grundlegenden Einheit innerhalb der Welt der Formen.

Da dieser Gedanke erlebt werden kann, sinkt er ins Leben. Und da dies von so vielen Menschen erlebt wird – gewinnt dieser innere Raum mit jedem Tag mehr an Bedeutung in der Welt.

Das Leben wiederum ist so einzigartig wie jeder Fingerabdruck. Kein Haar gleicht dem anderen. Und so wird der Gedanke einer grundlegenden Einheit allen Lebens und ein erweitertes Verständnis von Mensch-Sein millionenfach in bezaubernder Individualität ausgedrückt. Unendlich kreativ. Schillernd schön. Berührend tief und erschreckend oberflächlich. Das gesamte Crescendo einer Welle wird sichtbar, hörbar, fühlbar, erlebbar in einem sozialen Sound, der in Stille gründet und mit sanften Farben einen Hintergrund malt – der langsam den Vordergrund einfärbt. Der Sprache bekommt. Konturen. Bilder. Gesichter. Bücher. Medien. Produkte. Plattformen. Namen. Eine Szene ist entstanden. Kulturell und kreativ. „Szenen sind Inhalte ohne Form“, sagt Claus Offe, Soziologe.

Das ist es, was die kulturell-kreative Szene hindert und befreit in einem: Es gibt Inhalte – doch keine Form. Zumindest keine generelle, allgemein gültige. Erstarrte. Und: „Möge das so bleiben“ – ist ein Seufzer, den alle kulturell-kreativen Menschen verstehen.

DER „COLUMBUS“ DER „KULTURELL-KREATIVEN“ IST PAUL H. RAY,

Anthropologe und Soziologe, Professor der University of Michigan und Autor zahlreicher Publikationen. Ihm zur Seite eine Frau: Sherry Ruth Anderson, Psychologin, Bestseller-Autorin. Beide schlossen ihre Studien „cum laude“ ab.

„Columbus“ deshalb, weil die beiden über einen Zeitraum von 13 Jahren die Wertestruktur der amerikanischen Bevölkerung untersuchten, analysierten und ordneten. In den 1990ern. Sehr sorgfältig. In einem außerordentlich großen Rahmen. Über 100.000 Menschen wurden in den USA befragt. Das ist sehr viel. Später auch Tausende in Europa. So können wir auf ein solides Fundament verweisen. Nach dieser professionellen und akademisch-achtsamen Studie bilden sich drei große Werte-Cluster in der Ersten Welt ab:

Die:

- Traditionalisten (2005 bei ca. 17 Prozent – deutlich sinkend)
- Modernisten (2005 bei ca. 50 Prozent – zur kulturell-kreativen Szene tendierend)
- Kulturell-Kreativen (2005 bei ca. 33 Prozent – stark steigend)

DIE LETZTEREN WURDEN GEFUNDEN – NICHT GESUCHT. Es hat sich nämlich gezeigt, dass eine Gruppe von Menschen deutlich andere Werte hat als der Rest. Dies sind kreative Ideen – neu in der jeweiligen Kultur. Daher „kulturell-kreativ" – oftmals auch mit „kultur-kreativ" übersetzt. Musterbrecher auf jeden Fall. Unangepasste. Diese Menschen haben originelle Ideen in Bezug auf alles Mögliche. Umwelt zum Beispiel, Unternehmertum, Landwirtschaft, Beziehungen. Spiritualität. Wissenschaft. Kultur. Kunst. Heilkunde. Therapie. Wirtschaft …

All diesen Menschen gemeinsam ist die DEHNUNG DER AUFMERKSAMKEIT IN RICHTUNG SOWOHL ALS AUCH. Sowohl Außenorientierung als auch Innenorientierung. Kulturell-kreative Menschen haben eine erhöhte Wachheit für die Gleichzeitigkeit innerer und äußerer Prozesse. Dieses Wandern (der Aufmerksamkeit) von innen nach außen und von außen nach innen führt dazu, Dualität zu transzendieren. Jedoch zur Transzendenz kann es nicht kommen, wenn wir uns für eines von beiden entscheiden. Das wäre kein Transzendieren – sondern ein Festhalten. Eine Fixierung der Aufmerksamkeit. Kulturell-Kreative bewegen sich weg vom Mainstream und erzeugen damit natürlich einen Shift. Viele Themen werden dadurch verlagert und verändert wie beispielsweise das Thema „Verantwortung" oder das Thema „Schuld".

NICHT DIE ANDEREN HABEN DIE VERANTWORTUNG – SONDERN WIR SELBST.
NICHT DIE ANDEREN SIND SCHULD – SONDERN DAS KONZEPT VON SCHULD GANZ ALLGEMEIN WIRD IN FRAGE GESTELLT.

BEVOR WIR TIEFER EINSTEIGEN, SEI MEIN EIGENER STANDPUNKT VERDEUTLICHT:

Im Zentrum steht das Werben für das Verständnis anderer Sichtweisen. Mein Anliegen ist, andere Bewusstseins-Strukturen zu verstehen. Dadurch verstehen wir, weshalb Menschen so handeln wie sie handeln. Daraus kann ein innerer Abstand entstehen zu Identifikationen. Und sobald wir uns aus Identifikationen lösen, erblüht ganz von alleine eine neue Sicht. Es geht also weder darum, eine neue Trennung zu schaffen noch darum, Menschen zu katalogisieren oder einzuteilen. Sondern um das Gegenteil. Menschen zu verbinden.

Daher sind auch nicht die einen „gut" und die anderen „schlecht". Es handelt sich um Bewusstseinszustände, die wir erforschen. Vergleichbar mit „wachen", „träumen", „schlafen". Es wäre absurd zu sagen, „träumen" sei besser als „wachen". Auch wenn die Evolution der Überzeugungen und Werte in Richtung kulturell-kreativ geht.

Das mag paradox klingen und ist erklärungsbedürftig. Solange wir ein integratives (kulturell-kreatives) Bewusstsein für besser halten und als „richtiger" bewerten – leben wir in Widerstand. Eine innere Trennung ist die Folge. Das eine wird erhöht, das andere abgewertet.

ERST WENN WIR DEN GESAMTEN BOGEN DES MENSCH-SEINS UMARMEN – ERBLÜHT IN UNS EIN INTEGRATIVES VERSTEHEN.

Aus dem heraus können wir mitfühlend und trotzdem konkret und stark in Richtung einer kulturell-kreativen Wirtschaft handeln.
Diese Haltung erleichtert es zudem, anderen einen kulturell-kreativen Raum zu zeigen; vielleicht im Sinne eines „Wettspiels von Ideen".

Noch ein Punkt ist wichtig. Ich folge hier meinen jahrelangen Beobachtungen und eigenen Einsichten – angelehnt und inspiriert von den Arbeiten von Ray und Anderson, jedoch ohne deren Anspruch auf Wissenschaftlichkeit.

TRADITIONALISTEN

Die Wertestruktur der „Traditionalisten“ lässt sich mit diesem Satz verdeutlichen: „Es steht geschrieben.“ Damit haben wir das Bild eines fernen Gottes, den es anzubeten gilt. Nach einem bestimmten Ritus. Dieser steht geschrieben. Dieser Gott schuf seine Schöpfung in sechs Tagen und ruht sich nun aus.
Und es steht auch geschrieben – in anderen Büchern und von anderen Menschen – wie wir zu leben haben, wie wir uns zu benehmen haben, was wir glauben sollten und was nicht, was gut für uns ist und was nicht. Das Bild einer äußeren Autorität ist für Traditionalisten treibend. Dieser Überzeugungsrahmen treibt diese Menschen in ihre Handlungen und prägt deren Denken.

Im überzeichneten Bild finden wir hier alle Extremisten und Fundamentalisten dieser Welt.
Das Leben offenbart sich für diese Menschen bevorzugt schwarz oder weiß. Entweder – oder. Allianzen von Gut gegen Böse sind bezeichnend. Feindbilder sind die Konturen dieser Denkweise. „Und stets ist ja irgendjemand oder irgendetwas gegen uns. Die Widerstände sind vielfältig und hinterlistig“ – glauben Traditionalisten. Das Leben wird als Kampf begriffen. Traditionalisten dürften in der Ersten Welt derzeit etwa 17 Prozent der Bevölkerung ausmachen. Tendenz: sinkend.

Traditionalisten haben Handschlagqualität und sind berechenbarer, denn sie bleiben in aller Regel ihren Werten und Überzeugungen treu. Sie treten für ihre Werte mit Überzeugung ein. Dieser Bewusstseinszustand wird „rational“ genannt. Denn es gibt gute Gründe, warum die Dinge so sind wie sie sind.
Diese Menschen verstehen sich selbst als „HANDELNDE ZENTREN“.
Ursache- und Wirkungsketten sind einzementierte, unumstößliche Wahrheiten. Diese Sicht meint: Wir leben in einem Universum rein physikalischer Objekte, ausschließlich den Naturgesetzen gehorchend – wie dem Gesetz der Schwerkraft, chemischen und

biochemischen Gesetzen, elektromagnetischen Gesetzen und so weiter. Mensch-Sein wird – praktisch, im Alltag – auf Körperlichkeit und Funktionalität reduziert. Der Glaube an einen Gott ist institutionalisiert.

„Alles zu seiner Zeit – und an seinem Ort."

MODERNISTEN

Zwischen den Traditionalisten und den Kulturell-Kreativen (Kultur-Kreativen) bewegt sich die Gruppe der „Modernisten". Diese Gruppierung hat, was gemeinhin als ein „modernes, aufgeschlossenes Weltbild" bezeichnet wird. Bemerkenswert ist: Modernisten haben in der Regel keine Realität darüber, dass ihr Weltbild ein Konstrukt ist. Ein Modernist schaut ungläubig, wenn Sie ihm sagen, was immer er glaube, sei ein Konzept. Und er könnte wütend werden, wenn Sie bemerken: „Die gesamte Idee von einem ‚Ich' ist ein Konzept. Stellen Sie sich das vor."

DER MODERNIST GLAUBT AN OBJEKTIVITÄT, AN WISSENSCHAFTLICHE BEWEISBARKEIT; ER BEZEICHNET SICH SELBST MIT VORLIEBE ALS „REALIST".

Modernisten sind rationalistisch bis hyperrationalistisch; glauben an Leistung und sind überzeugt, dass „wir" für die Probleme der Welt eine technische Lösung finden. Eine Lösung, entwickelt aus einem modernistischen Konzept.

„Wir werden das Kind schon schaukeln" – biete ich Ihnen als Kernsatz an. Die Modernisten bilden das Establishment der Gesellschaft in der ersten Welt. In ihren Händen liegt das große Geld, das verwaltete Wissen, die Medien, die soziale, politische und kulturelle Macht. Die Modernisten machen in der Ersten Welt etwa 50 Prozent der Bevölkerung aus. Tendenz: hin zu den Kulturell-Kreativen.

WIE DAS WASSER ZUM MEER, SO FLIESST DIE EVOLUTION UNSERER ÜBERZEUGUNGEN UND WERTE IN EINE KULTURELL-KREATIVE RICHTUNG. HIN ZU EINEM INTEGRATIVEN BEWUSSTSEIN.

Viele Menschen pendeln zwischen diesen Bewusstseinswelten von Modernisten und Kulturell-Kreativen hin und her. Abhängig von den Umständen, der Umgebung, anderen Menschen ... **haben wir viele Standpunkte in unserer Brust.** Wir sehnen uns nach diesem fließenden kulturell-kreativen Bewusstseinszustand und greifen doch immer wieder – wenn wir nicht wach sind – auf den vertrauten, anerzogenen, modernistischen Standpunkt zurück.
Es genügt, das zu sehen und damit versöhnt zu sein.

Nochmals:
ES GEHT DARUM, VERSTÄNDNIS EINZULADEN UND NICHT DARUM, EINE NEUE BARRIERE AUFZUBAUEN. Dieses Verständnis kann sich vertiefen, wenn wir uns dem gedanklichen Ursprung einer modernistischen Weltsicht nähern.

Im Laufe der Zeit nahmen Tempo und Ausmaß zu, mit dem wir uns in den mentalen Raum verloren. Doch blicken wir zurück. Schauen wir auf jene Welt, die sich uns vor etwa 400 Jahren bot. Alles, was uns heute technische und medizinische Selbstverständlichkeit ist, gab es nicht. Kein Strom, kein Hubschrauber, der uns im Fall der Fälle zur Intensivstation fliegt, kein Telefon, kein Wetterbericht, keine Hurrikan-Warnung – eine sehr andere Zeit.

Francis Bacon (* 22. I. 1561, London † 9. IV. 1626, London) verherrlichte einflussreich den Gedanken, das Paradies sei materiell. Dadurch entstand ein Fokus auf das Materielle, auf Substanzen, auf Formen; auf Nützlichkeit in einem verengten Sinn. Sein Ziel war:
Die Erweiterung der menschlichen Herrschaft über die Natur.

„Wissen ist Macht“ – und die Zurückhaltung oder Manipulation dieses Wissens ist die Ausübung der Macht. In Bacon begründet sich die Tradition der Wissenschaftsgläubigkeit. Er entwarf als Lordkanzler den idealen Staat, in dem mit Hilfe von Technik und Wissenschaft alle Übel beseitigt werden.

Renatus Cartesius, besser bekannt als René Descartes (* 31. III. 1596, La Haye † 11. II. 1650, Stockholm) besuchte die Jesuitenschule und ist der wohl einflussreichste Philosoph, Mathematiker und Naturforscher in einem materialistischen Kontext. Sein „cogito, ergo sum“ – „ich denke, also bin ich“ – und seine Philosophie (nicht seine Physik) sind bis heute wirksam. Sein Ziel war: Die Errichtung eines geschlossenen mechanistischen Weltsystems.
Descartes lehrte einen Dualismus, der in einer Maschinentheorie des Lebendigen gipfelte. Hauptwerk: „Regeln zur Leitung des Geistes.“
Diese materialistische Sicht hat sich im Laufe der Jahrhunderte millionenfach differenziert, enorm beschleunigt, und wurde die Basis unseres gegenwärtigen modernistischen Überzeugungsteppichs. Es ist das mentale Fundament, auf dem derzeit zwei Drittel der Menschen aus der Ersten Welt stehen. Und das diese Mehrheit als „modern“ etikettiert. Daher die „Modernisten“.

ZUSAMMENFASSEND EIN BILD.

Der modernistische Wissenschaftler und Manager konzentriert sich auf das Materielle. Sein Verstand durchdringt denkend die Materie. Er versteht Zusammenhänge. Erkennt Gesetzmäßigkeiten. Analysiert und zieht Rückschlüsse. Ordnet die Materie neu und hat Dinge erfunden, die die Natur niemals erfinden könnte. Nicht in Millionen Jahren.

Das Seelisch-Geistige, das Energetische – bleibt außen vor. Dieses ist nicht wissenschaftlich, daher hat es in der modernistischen Welt der Versachlichung keinen Platz. Nur Fakten zählen!
Das Seelisch-Geistige wird ausgeklammert oder ausgelagert. Delegiert an die großen Deutungssysteme wie etwa Kirchen oder Sekten oder an die Philosophen oder Künstler oder an „Spinner". Doch eben nicht an Wissenschaft, Technik, Politik, Wirtschaft.
Durch diese Verhaftung und Identifikation mit Konzepten wurde diese Welt so inhuman*.

* Die sprachliche Wurzel von „human" liegt im Sanskrit, einer der Ursprachen der Menschheit.
„hu" bedeutet „Licht" und „man" bedeutet „Wesen".

KULTURELL-KREATIVE.

Ich beginne mit der Schattenseite – denn diese gilt es zu integrieren. Die Falle der „Kulturell-Kreativen" ist die Pseudo-Erleuchtung. Diese schöpft aus dem Mentalen und bleibt letztlich in einem „ganzheitlichen Konzept" hängen. Es genügt nicht, beispielsweise alle Bücher von J. Krishnamurti zu kennen. Das Wissen von Büchern bleibt in Büchern, darf ich wiederholen. Dudley Lynch und Paul Kordis prägten den Begriff des „pseudo-erleuchteten Karpfens". Ich zitiere aus ihrem großartigen Buch „DelphinStrategien – ManagementStrategien in chaotischen Märkten":

„Ich bin ein pseudo-erleuchteter Karpfen und glaube an ein Universum des absoluten Überflusses. Daher glaube ich nicht an das wirklich Böse und an wirkliche Verlierer. Es ist nur eine Frage der Zeit, bis jedermann gewinnt. Weil mein wichtigstes Bedürfnis die Heilung ist, fühle ich mich bei Vergeltung oder Flucht nicht wohl, **ALSO KANN ICH** – das ist der Schlüsselsatz – **LIEBE NICHT MIT MACHT ZEIGEN.** Dadurch werde ich ohnmächtig, und meine Ohnmacht macht mich wütend. Weil es mir aber wichtig ist, ein Image der Spiritualität zu zeigen, drücke ich meine Wut versteckt aus. Ich glaube, dass es unsere einzige Aufgabe im Leben ist, loslassen zu lernen, zu fließen, uns selbst Kanal für eine höhere Macht sein zu lassen. Und damit rechtfertige ich meine Existenz."

Die Falle der Kulturell-Kreativen ist das Hängenbleiben in Einsichten, das Bedürfnis nach Harmonie um jeden Preis und die Vermeidung von Auseinandersetzung aus einem Gefühl der Schwäche, die spirituell sublimiert – also aufgewertet – wird. Dadurch ist so etwas wie ein „spirituelles Ego" entstanden, das sich besser wähnt als andere.

„Es geschieht d u r c h uns" biete ich Ihnen als kulturell-kreativen Kernsatz an.
Es geschieht durch unser Handeln. Im Körper.
Dabei will dieses „durch uns" verstanden, gelebt und erfahren sein.

Hingabe

„Magie ist die durch uns hindurch wirkende Naturkraft", sagte die große Elisabeth Haich. Und meint damit, was den Kern einer kulturell-kreativen Sicht ausmacht. Der Mensch ist Kanal, ist „Kelch des ewigen Bundes" – ist ein „Bambus", ein „Schilf", eine „Geige" für das Spiel der Formen vom unsichtbaren Geist zur sichtbaren Materie. Die konstruierte Trennung zwischen Geist und Materie ist die grundlegende mentale Illusion.

Mut

Ein integrales Bewusstsein integriert diese Trennung und löst sie gerade dadurch auf. So wie der Tänzer zum Tanz wird und aus dieser Integration von beidem ein einzigartiger, unverwechselbarer Ausdruck entsteht – so „ent-wickelt" sich der Mensch in diesem Bild zu seinem einzigartigen Ausdruck. Es ist ein gestaltender Prozess mit dem Ganzen. Im Ganzen. Keine isolierte Veränderung weit und breit. „Es geschieht durch uns." Wir bringen sozusagen das Licht auf den Boden der Materie, durch unseren Körper, zu Mutter Erde. „HuMan". Und werden in dem selbst verwandelt.

DIE ZENTRALE FRAGE DER MACHT

Wir haben gesehen – Traditionalisten und Modernisten verstehen sich selbst als „handelnde Zentren“ innerhalb eines Bezugsrahmens aus Ursache und Wirkung. Es gibt in dieser Betrachtung immer einen Handelnden – das mag Gott sein oder der Teufel, ein Engel oder der Nachbar. Alles spiegelt sich in der Erfahrung eines Ego-Selbst.

Die Erfahrung mag noch so erhaben, schrecklich oder subtil sein – die Perspektive wurzelt in der Erfahrung eines Menschen aus Ego-Sicht. Das gilt auch für Kulturell-Kreative. Doch haben wir hier einen Wechsel.

Kulturell-Kreative sind bereit, dieses „Ich“ in den Hintergrund treten zu lassen. Es abzuschälen. Es als Organ der Wahrnehmung zu erkennen und zu benennen. Unsterblich hat dieses „Sich-fallen-lassen“, den „Schritt in das Ungewisse hinaus“ Hermann Hesse formuliert: „Und wer sich einmal, ein einziges Mal hingegeben hatte, nur einmal das große Vertrauen geübt, und sich dem Schicksal anvertraut hatte, der war befreit. Er gehorchte nicht mehr den Erdgesetzen, er war in den Weltenraum gefallen und schwang im Reigen der Gestirne mit.“

Damit öffnet sich eine vollkommen andere Dimension. Ein Klang, der sich exformativ immer und immer wieder in dieses Buch webt. Ein Ton, der vielfältig anklingt und durch viele Echos verstärkt wird. Es ist das Gewebe der Handlung.
Eine „Alles-bewirkende-Weisheit“; die Einheit allen Wandels. Denn würde sich irgendetwas isoliert verändern, wäre die Einheit der Existenz zerstört.
Im Gegensatz zur biblischen Schöpfungsgeschichte haben wir hier die Idee fortwährender Schöpfung; EINES „AUGENBLICK FÜR AUGENBLICK“ SICH IMMER NEU ERSCHAFFENDEN UNIVERSUMS. Gegenwärtig. Jetzt! Wenn wir diese Gegenwärtigkeit erleben dann wissen wir, dass damit ein Nicht-Tun und ein Zustand tiefer Stille einhergehen. Ein entspanntes Sein im Werden.

In Wirklichkeit stimmt auch dieses „Augenblick für Augenblick“ nicht; doch das ist schwer verständlich. Das Sein offenbart sich einfach. Enthüllt sich in immer anderen Formen. Multidimensional. Wie die Wellen des Meeres. Stets zeigt sich ein anderes Muster an der Oberfläche. Oder denken wir an einen Film im Kino. In Wirklichkeit bewegt sich bei einer Szene niemand auf der Filmleinwand, sondern nur die Muster, die Matrix verändert sich. Wenn wir diese Analogien auf die Realität übertragen, so enthüllt eines das andere in einem sich gegenseiten Erzeugen. In einer Art „Selbst-Offenbarung“. Der Tropfen und der Ozean bilden eine existentielle Einheit außerhalb eines Konstruktes von Ursache und Wirkung. Eine Einheit, die aus sich selbst schöpft.

Somit ist die Einheit des Seins – des Tao – eine dynamische Präsenz; keine statische Existenz. Wenn wir überhaupt von einem Fluss sprechen können, dann als eine Gegenwärtigkeit vom Nicht-Manifesten zum Manifesten, vom Formlosen zur Form, von der Nicht-Existenz in die Existenz. All das sind natürlich Metapher, Bilder, Analogien. Doch der Kern wird deutlich:
Dort haben wir ein Ego, das als „handelndes Zentrum“ agiert und sich getrennt vom Ganzen ausdrückt – hier ein Sein, das ist. Und sich in einem offenen Werden durch uns hindurch entfaltet.

DAHER IST DIE ZENTRALE FRAGE DIE FRAGE DER MACHT.

Werden wir Menschen es zulassen – uns dieser Schöpferkraft zur Verfügung zu stellen? Werden wir „Kelche im ewigen Bunde“? Denn: Gott ist in diesem Verständnis nicht das die Welt erschaffende. Sondern: Das Göttliche ist die Welt. In allem. In jedem. Ungeteilt. Und vollkommen in dem, wie ES ist.

Eines bedingt das andere in einem sich gegenseitig ergänzenden und erzeugenden, autopoietischen Prozess. Hsiang Sheng grüßt nochmals.

EIN PROZESS,

- der Muster zeigt,
- mit Synchronizitäten und Zufällen operiert,
- Schwingungen und Resonanzen auslöst,
- Wirkungen geschehen lässt,
- Multidimensionlität integriert und bejaht.

Wir sehen, ein vollkommen anderes Set aus Handlungen prägt einen kulturell-kreativen Alltag. Es werden andere Fragen gestellt. Es wird auf Balance und Fließgleichgewicht geachtet. Das Naturgesetz der Mühelosigkeit eingeladen. Das Potential einer Situation als etwas unmittelbar vor uns sich Ausbreitendes gesehen. Und: ES geschieht durch uns.

Wir leben in einem uns „haltenden Universum", das Almaas großartig in „Facetten der Einheit" beschreibt. Dieses Urvertrauen und dieses Gehaltensein in allem Lebendigen schließt alles ein. Auch die Erde, die als Lebewesen erkannt und damit auch so behandelt wird – oder so behandelt werden könnte, in einem kulturell-kreativen Verständnis. Daher die Hinwendung zu einer nachhaltigen Wirtschaft. Nur diese ist zukunftstauglich. Daher die Ermutigung an alle, die sich einem integrativen Bewusstsein verpflichtet fühlen, hervorzutreten.

SO VIELE KULTURELL-KREATIVE GLAUBEN, SIE SEIEN MIT IHREM ANLIEGEN ALLEINE.

Und verstecken sich in gewisser Weise. Geben dem Gefühl, unverstanden zu sein, zu großen Raum. Wir leben in einer modernistischen Welt und es gilt, diese zu transvaluieren. Und keine neue Trennung aufzubauen. Sondern in einem Wettspiel der Ideen Alternativen zeigen; eine andere Form von Umgang miteinander vorleben und klar und stark im eigenen Anliegen zu stehen.

„Spirituelle Befreiung hat damit zu tun, dass sich Erfahrung und Wahrnehmung in eine andere Existenzdimension verschieben. Unser Ich-Gefühl wird verwandelt, wenn es sein essentielles Wesen verwirklicht." Und: „Wir leben in einem Übergangsstadium zwischen der persönlichen und der grenzenlosen Realisation des Seins." Almaas.

Psychologische Prozesse mögen Teil dieser inneren Arbeit sein – doch wenn wir **wirklich** einen Quantensprung erleben möchten, ist eine Öffnung zum Sein, zum Tao, zum Größeren – wie immer Sie das nennen – unabdingbar.

Das „Ich-Gefühl" für etwas Wahres zu halten ist ein Irrtum. Und wenn dieses „Ich" poröser wird, durchlässiger, dann lösen wir uns auch leicher von Ideologien, Dogmen und fixierten Standpunkten. Wie von alleine entsteht ein „Größeres Wir", der Intelligenz und Herzensbildung verpflichtet. Auf dieser Basis finden wir ungleich leichter Lösungen für die großen Probleme, wie z.B. dem der Arbeitslosigkeit.

Sobald dieses „Ich-Gefühl" nachlässt und sich zu verdünnen beginnt, steigt Ihr Gespür für die OPTIMIERENDE SCHUBKRAFT des Lebens; für die dynamische Einheit der Existenz. Für die Vollkommenheit von allem, was ist.

Sie handeln im Einklang mit dem Ganzen und damit natürlich so authentisch, so unverwechselbar, so einzigartig, so intelligent, wie sich eben das Ganze durch Sie ausdrückt.
Ihr Fingerabdruck ist die ultimative Bereicherung des Lebens. WILLKOMMEN.

aus-
gesorgt

WE ARE THE BRIDGE – **WIR SIND DIE BRÜCKE**

Der Punkt, an dem wir kollektiv stehen, ist eine Wende. Vom „Sucher“ zum „Finden“. Vom „Denker“ zum „Handeln“. Millionen können durch die Illusion hindurchsehen. Erkennen den Schmetterling der Formen und sind gleichzeitig verankert im unbewegten Geist in uns.
Millionen von Menschen haben sich vorbereitet durch Meditationen, Gebete, Kontemplationen und Übungen aller Art.

Es geht letztlich nicht um ein neues Tun. Um keinen neuen Aktionismus. Sondern um das Vertrauen, dass uns das Leben zeigt, was getan werden will. Aus dem Augenblick heraus. Aus dem Potential Ihrer Situation. Dieses Handeln ist ein Nicht-Handeln. Denn das Tao handelt. Das Tao ist somit ein Nichts, das handelt. Diese Bewegung zeigt sich Ihnen. Folgen Sie diesen Impulsen. Handeln Sie nach diesen Impulsen. Folgen Sie dem Lauf Ihres Wassers. Gehen Sie bitte nicht in die Illusion, das nicht zu verstehen. Der Teil in Ihnen, der versteht, versteht vollkommen.

Wir verstehen „Illusion“ als „Illusion“ und sehen weniger, was dieses Wort wirklich meint: Nämlich Täuschung; eine Falschdeutung von Sinneseindrücken. Buddha meint nicht, dass das Buch in Ihrer Hand nicht ist, die Bäume dort drüben nicht sind, dass es den Tisch vor Ihrer Nase nicht gibt. Das Wort ist falsch interpretiert worden. Illusionen existieren nicht. Die Realität existiert. Die Inder kennen dafür den Ausdruck „Maja“ (Sanskrit – die Zauberkraft). Oftmals auch „Maya“ geschrieben. Maja liegt genau zwischen Realität und Illusion. Sie existiert beinahe. Soweit es das alltägliche Tun betrifft, können wir es als Realität betrachten. Nur im höchsten Sinn, im Sinne eines Buddha – vom Gipfel einer Erfahrung aus betrachtet – ist die Welt unreal, illusorisch; eben Maja.

In den zehn „STIEREN DES ZEN“ wird die Geschichte von einem Hirten erzählt, der nach einem Stier sucht, den er verloren hat. Schließlich entdeckt er dessen Fußspuren und findet den Stier. Den ursprünglich acht Bildern fügte der chinesische Meister Kakuan zwei weitere hinzu. Nach dem achten, dem ursprünglich letzten Bild – ein leerer Kreis, Inbegriff der Erleuchtung – ist auch nach ihrer Transzendierung die Welt noch da! Daher zwei weitere Bilder.
Der Hirte geht erfüllt lachend in die Welt. In einer Hand den Wanderstab, in der anderen eine Flasche Wein. Ein „Zorba the Buddha“. Er ist Mensch unter Menschen.

Es hat sich so ergeben – wir haben es weder geplant noch haben wir es voneinander gewusst … Als ich die ursprüngliche Fassung dieses Buches fertig hatte – zeigte ich Jwala meine Schätze. Und sie mir die ihren. Während ich schrieb, ist sie tief eingetaucht in die Reise des Helden, in die Reise der Heldin – in die Reise von uns allen. Und sie hat mir mit ihren ZEN-SIGNS ihre bewegende, berührend-schöne Interpretation der „Zehn Stiere des Zen“ gezeigt.

Es ist die Reise vom Sucher zum Finden. Bei der Suche gibt es jemanden, der sucht. Auf dem „Heimweg“ ging dieser verloren. Alles ist, wie es ist, und jenseits von Fatalismus erblüht das Neue aus sich heraus.

SIE UND ICH – DAS IST MEIN TRAUM – SIND ZEUGEN DIESES NEUEN. WEGBEGLEITER IN DIESEM NEUEN FÜR DAS NEUE IN UNS – **DESSEN FRÜCHTE WIR GEMEINSAM GENIESSEN.**

ZEN-SIGNS
VON JWALA GAMPER

die Suche

1. die Suche

Namenlosen Flüssen folgend –
vermag mich nicht zu finden.
Bin so verstrickt.
Weiß nicht, wo ich mich suchen soll.

2. die Entdeckung

Entdecke nach und nach die Spur.
Darf wahr von unwahr unterscheiden
und deutlich meinen Pfad erkennen.

die
Entdeckung

die Findung

3. die Findung

Das Tor durchschreitend
find’ ich kein Eck mich zu verstecken.
Steh’ Aug in Aug mit dem, was ist.
Nichts ist getrennt von Allem.

1. der Kampf

Die Zeit ist reif,
der Kampf wird ausgetragen.
Ich stelle mich den Mächten
und geb' mich doch der Liebe hin.

die Schulung

5. die Schulung

Ich schule mich im klaren Blick.
Verliere kein Moment, kein Ziel.
Gib nicht einmal dem Zweifel Raum.

6. der Heimweg

Hab tapfer meinen Kampf gekämpft,
hab mich vertraut gemacht.
Ich trete jetzt den Heimweg an
und folge singend meinem Weg.

7. die Heimkehr

Kein Kampf, kein Sieg.
Hab weder Ziel noch Weg vor Augen.
Bin Hier, bin Jetzt,
kann selig mich entspannen.

8. das Sein

Bin Nichts in Allem,
im Himmel grenzenlos.
Nicht Hier noch Dort,
nicht Zeit, nicht Raum,
Bedeutungslos. Kein Wort, was dies beschreibt.

die Quelle

9. die Quelle

Der Fluss zieht weiter ohne mich,
muss ihm nicht länger folgen.
Genügend Schritte sind getan –
brauch mich nicht neu zu formen.
Bin wohnend, wo ich hingehör'.

10. die Welt

Misch' mich nun feiernd unters Volk
und tanze mit den Sternen.
Bin Mensch im einfachsten Gewand.
Lass mich vom Fluss jetzt tragen.

So schön kann Wirtschaft sein.

lebens

Wir schlagen hier einen neuen Weg ein. Anstatt der üblichen Literatur-Listen seien ein Dutzend Bücher erwähnt, die uns besonders inspirierten und den Bogen des Gesamten abrunden. In alphabetischer Reihenfolge der Autoren.

A.H. Almaas – FACETTEN DER EINHEIT – Kamphausen

Hans Christoph Binswanger – GELD UND MAGIE – Edition Weitbrecht

Theo Fischer – LASS DICH VOM TAO LEBEN – rororo

Fred Gratzon – THE LAZY WAY TO SUCCESS – OHNE ANSTRENGUNG ALLES ERREICHEN – Kamphausen

Francois Jullien – ÜBER DIE WIRKSAMKEIT – Merve

Ervin Laszlo – HOLOS, DIE WELT DER NEUEN WISSENSCHAFTEN – vianova

Dudly Lynch/Paul Cordis – DELPHINSTRATEGIEN; MANAGEMENTSTRATEGIEN IN CHAOTISCHEN SYSTEMEN – Verlag Gerhard Henrich

Osho – BODY MIND BALANCING – Goldmann

Peter Russell – QUARKS, QUANTEN UND SATORI – Kamphausen

Alan Watts – DER LAUF DES WASSERS – Suhrkamp

Jann Weiss – DEM AFFEN DAS FLIEGEN BEIBRINGEN – vianova

Stephen Wolinsky – ICH BIN DIESES EINE – VAK

Es ist eine enorme Erfahrung, die Kraft der Unterstützung zu erleben, die die Verlagsgruppe Kamphausen diesem Projekt gibt. „Das Ende der Einzelanstrengung“ ist hierjetzt. Ein gemeinsames Wir entstand. Mit Menschen und deren Fähigkeiten, die in des Wortes bestem Sinn „zusammen-wirken“; „Synergia“. Getragen von Achtsamkeit, Respekt und Liebe. Danke euch allen. www.weltinnenraum.de

Das gleiche gilt für die „Sterndrucker“ im Zillertal in Tirol. Auch hier lässt der Geist eines Teams Individualität erstrahlen und „setzt“, „druckt“ und „bindet“ im wörtlichen Sinn ein Werk. www.sterndruck.at

Ein besonderer Dank an Mark Grünberger. Er hat an diesem Buch nicht physisch mitgewirkt – doch die ursprüngliche Auflage gestaltet. Sein formaler Meisterblick hat uns gedanklich begleitet.

Ein Lachen an eine feine, faszinierend unterschiedliche Runde von Freunden, die den kulturell-kreativen Gedanken mit uns besonders hochheben und mit denen wir nicht nur menschlich, sondern auch in Projekten vernetzt sind: Nicole Arnitz, Hannes Offenbacher und Heinz Grünwald vom high-potential-network; www.highpotentialnetwork.org; Sascha Kugler; www.alchimedus.de; Alexander Trinkl; www.agendax.at; weiters Markus Hübner, Meister am dance-floor im Netz der Netze; www.brandflow.at; die Freunde vom kulturell-kreativen Unternehmernetzwerk Circle Excellence; www.circle-excellence.net und die vielen Partner aus dem open business club; www.oBC.com.
Mit Freude unterstützen wir die Glücksprojekte von Harald Hutterer; www.work-life-society-happiness.net und die Projekte des Vereins für internationales Entrepreneurship; www.entrepreneurs.at.

Ein österreichisches „Servus“ jenen Freunden, die mit uns LOHAS, „spirit in products“ und insbesondere „signs in products“ zu den Menschen bringen. Wir bieten allen ein kulturell-kreatives Netzwerk und eine Plattform bei www.gamper.com

Philipp und Lena Gamper. Ein Band persönlicher Liebe macht sie zu unseren Kindern, Lehrern, Vertrauten und über alle Worte hinaus zu Gefährten mit auf dem Weg. Wir dürfen mit ihnen hautnah üben, wie es ist, wenn Menschen einander als Menschen erkennen. Danke.

Jwala und Karl Gamper

Karl Gamper
ist ein „Fährmann“ zwischen den Welten Bewusstsein und Wirtschaft. Er erforscht seit über 25 Jahren beide Kontinente. Als Coach, Trainer, Sprecher, Autor und Unternehmer hat er Tausende Menschen ermutigt, ihren Spirit, ihr ureigenstes Anliegen marktgerecht zu formen und damit erfolgreich zu sein. Freude.

Jwala Gamper
Ihre Welt ist der kreativ-authentische Ausdruck, der sich in jahrelangen Ausbildungen und Bewusstseins-Trainings freischälte. Ihre Formensprache, ihre „Signs“, ihre Texte, ihre Stille, ihre Schriftbilder, ihre Balance von innerer und äußerer Schönheit, all das und mehr geben ihrer Arbeit – und ihrem Leben – diese einzigartige Form.

Jwala und Karl Gamper
gehen als Paar auch beruflich einen gemeinsamen Weg, haben das gleiche Anliegen und drücken sich doch äußerst unterschiedlich aus. „So schön kann Wirtschaft sein“ ist ein Tanz von beiden, der das Weibliche und das Männliche auf einer tiefen Ebene in Balance würdigt.